四时之歌

苏槿
萧三闲

著

节气里的
风物生活

五洲传播出版社

图书在版编目（CIP）数据

四时之歌：节气里的风物生活 / 苏槿，萧三闲著 . -- 北京：
五洲传播出版社，2019.6

ISBN 978-7-5085-4161-7

Ⅰ.①四… Ⅱ.①苏… ②萧… Ⅲ.①二十四节气 –
风俗习惯 – 中国 – 通俗读物 Ⅳ.① P462-49 ② K892.18-49

中国版本图书馆 CIP 数据核字 (2019) 第 077238 号

四时之歌
节气里的风物生活

作　　者	苏　槿　萧三闲
出 版 人	荆孝敏
责任编辑	梁　媛
装帧设计	红方众文　朱丽娜
出版发行	五洲传播出版社
地　　址	北京市海淀区北三环中路 31 号生产力大楼 B 座 6 层
邮　　编	100088
发行电话	010-82005927，010-82007837
网　　址	http://www.cicc.org.cn，http://www.thatsbooks.com
印　　刷	天津图文方嘉印刷有限公司
版　　次	2019 年 6 月第 1 版第 1 次印刷
开　　本	787mm×1092mm　1/16
印　　张	13.5
字　　数	210 千
定　　价	68.00 元

春

夏

秋

立秋
夏欲尽头秋欲初，
小凉未苦爽肌肤
102

处暑
露蝉声渐咽，
秋日景初微
110

白露
旦夕秋风多，
衰荷半倾倒
118

秋分
燕衔余暑去，
虫唤嫩寒来
128

寒露
耐寒唯有东篱菊，
金粟初开晓更清
138

霜降
千林扫作一番黄，
只有芙蓉独自芳
146

冬

序

四时有趣，草木有灵

又一年清明。

清晨八九点，在书房坐下来，泡上一壶普洱，听着鸟叫声发呆。一束阳光透过后面楼宇的缝隙，打在书房背后的山坡上，照亮了杨树林的新叶，绿得夺目。半个月前，尚且新绿未成，这才几日功夫，已是另一番景象。

去年清明时，雨雾朦胧，后山披着一层薄雾，空气清新得快要醉氧。新上的绿意既不浓烈，也不寡淡，惹人怜爱。

其实，清明本就含有雨水增多，天气晴朗，草木繁盛的物候特征。各种鸟儿欢叫个不停，大地更换新装，这便是，春到最深处。

生活在都市中，出门车，回家车，有几个时候能够好好地与大自然相处？除了网络上的只言片语，你是否真的觉察到了节气更迭带来的变化？

比如，惊蛰是夜，便有吱吱吱的虫鸣从地头冒了出来，这便是古人说的"虫声新透绿窗纱"。风声、鸟叫、雷声、雨点，蝉鸣回归，这便是夏至后，大不同。立秋前后，狂风肆虐，暴雨如注，秋虫齐鸣，知了息鼓。从处暑到白露，太阳依然炙烤着大地，但到了白露，凉风却准时准点来报道。"晚来天欲雪，能饮一杯无？"小雪时节，天将雪不雪，又有多少人因为这一句诗一整年都在期盼与雪共饮的良辰美景？

待在钢筋森林里的人，从身到心都是糊涂的，甚至可以说是混沌地。只有当你真正扎根进节气的生活，才有了如实的接地气的感觉。最明显的，你的身体开始跟着节气的变化接收大自然的调控密码。

小满后，体内湿气积聚，饮用陈年茶膏，即可消食解暑。大暑过后，温度盛极急转，身体开始发出"需要保暖"的指示，暑天吃惯的冷饮、冰淇淋，可以扔掉了。白露良夜，开新壶，用秋白露、杭白菊、陈皮煮茶，甘甜润泽。霜降的时候，秋咳来袭，添上秋梨，和川贝熬一锅糖水，暖心又甜蜜。到了冬至，便是熬煮红茶驱寒的时候了……

这就是我们认识节气，了解节气，活在节气里的奥秘和意义吧！

节气，首先是真正懂你的生活法则，其次才是文人墨客笔下的生活美学。

蒋勋先生说："最高的信仰是自然，它不会引你走向歧途。"试着从立春过到大寒，你会有脱胎换骨的感受。

苏槿

己亥清明于重庆

春

立春

春信葭灰动，寻知寒事休

幸与松筠相近栽，不随桃李一时开。

杏园岂敢妨君去，未有花时且看来。

白居易的一首《代迎春花招刘郎中》，道尽了迎春花先于群芳，怒放早春的情景。

迎春花与梅花、水仙和山茶花并称为"雪中四友"。它不畏严寒，在料峭的岁首春头，一簇簇小黄花精神地立于枝头，似是在说："这春，算是立起来了！"

延续两千多年的"立春节"

冬寒抱冰，冬山如睡，黑夜愈冷愈漫长，人人都在期盼暖意恩泽大地。

终于盼来了这一天：万物苏萌山水醒。每年的 2 月 4 日或 5 日，太阳到达黄经 315 度时，人们欣喜地把这一天叫"立春。"

古籍《群芳谱》对立春有充满希望的释义："立，始建也。春气始而建立也。"立为始，立春，是一个时间节点，也是一个时间段。立春，宣告春天的序曲已经奏响，立春之后，大地才渐渐回暖，万物迎来新生。

因为有立春，才会出现立夏、立秋、立冬。早在春秋时期，这四个重要的时令，与春分、秋分、夏至、冬至就已经出现了；直到《礼记·月令》一书和西汉刘安所著的《淮南子·天文训》中，才有了二十四节气的完整记载。而立春作为二十四节气排头兵究竟有多重要呢？

在我国古代，春节其实应该叫作"立春节"，意为因立春应运而生的节日。这样的叫法持续了两千多年，直到 1913 年，当时的国民政府才下了一个文件，明确每年的正月初一为春节。而立春，作为二十四节气之首延续下来。

中国作为一个传统农业大国，古人对立春可谓相当重视，而这一天的众多活动也是围绕着农事展开的。农谚说得好："春打六九头，备耕早动手。"如果立春这一天适逢正月初一，那可是百年难遇的大好事。在民间，这样的日子被称为"岁朝春"，认为这一年的收成肯定会好。古时的这一天，无论是"送春牛""勾芒神"，都催促着春耕的开始，大家撸起袖子加油干吧！

立春，一候东风解冻，二候蜇虫始振，三候鱼陟负冰。意思就是说：自立春后，东风送暖，冰封的大地开始复苏；过五日，蛰虫渐渐苏醒；再过五日，鱼开始到水面上游动，此时水面上还有碎冰片，如同被鱼负着一般浮在水面。尽管立春之时，大风降温仍可能是主旋律，但毕竟隆冬已过，百草回芽，一天更比一天暖。

食令：春饼春盘争"咬春"

现代人生活越来越讲求生活的仪式感。"仪式感"这种东西，可不是现代人这两年兴起的，古时候的人可谓是最讲求生活仪式感的人群。立春，既然开启了新春，这么重要的一天，当然要吃点什么来庆祝一下。至于到底吃什么呢？我们一起走进宋朝女诗人朱淑真的《立春古律》感受一下：

停杯不饮待春来，和气先春动六街。
生菜乍挑宜卷饼，罗幡旋剪称联钗。
休论残腊千重恨，管入新年百事谐。
从此对花并对景，尽拘风月入诗怀。

上春盘

一首律诗似乎让我们看到了人们挑生菜、

卷春饼的热闹场景。那么，春饼是什么东西？和我们现在吃的春卷是同款产品吗？

冯应京《月令广义》中写着："春饼者，薄剂熯菜肉裹食也。"也就是说，春饼是用薄饼裹菜和肉卷成的。这样的春饼就是我国江南地区、西南地区等俗称的春卷。至于裹什么菜，大多没有定论，无非是根据自己喜好的时令菜品来做，比如韭菜、绿豆芽、胡萝卜、荠菜、豆腐、鲜虾、鸡蛋、肉末……总之，春卷没有所谓的卖家秀和买家秀，怎么喜欢怎么来。裹好后的春卷下油锅煎炸，直到泛着微微焦黄，捞起即吃，咬下一口，嘎嘣脆！连带着咬春的节奏感。

不过，光有春饼难以成席。朱淑真不是已经告诉我们还要挑生菜吗？生菜和春饼可谓一对连体婴，尤其是在立春这一天，它们总会整齐地出现在餐桌上，以盘盛之，谓之"春盘"。《四时宝鉴》载："立春日，唐人做春饼生菜，号春盘。"

"春日春盘细生菜，忽忆两京梅发时。盘出高门行白玉，菜传纤手送青丝。"这是杜甫的叙述。

"青蒿黄韭试春盘。"这是苏轼的描绘。

做春盘，源于汉代，兴于唐宋，发扬于明清，因与晋代的五辛盘有渊源，也被称为辛盘。据记载，晋代的人们在元旦之日要吃五辛盘，盘中盛有五种辛荤的蔬菜，如小蒜、大蒜、韭菜、芸薹、胡荽等，食之有利于发五脏之气，顺应春日生发之势。到唐代，春盘的内容越来越讲究，元代便有了春饼的记载了。自明清后，除了春饼、生菜外，还另多了一样东西——水红萝卜。咬上一口，保管带劲儿，据说还可以消除春困，这才是"咬春"的正确出处。

出游：迎春探春喜报春

立春自然是要迎春的，这样的习俗早在西周就已经形成，而且是由天子带头兴起的习俗。《礼记·月令》载："立春之日，天子亲率三公、九卿、诸侯、大夫以至，以迎春东郊。"上行下效，民间在这一天的活动自然更多、更丰富。再加上立春五日后，天气会一天暖过一天，出门踏青、游春的活动更多起来了！

"青菜青丝白玉盘，西湖回首忆临安。竹篱茅舍逢春日，乐得梅花带雪看。"这是宋代李石作的一首《立春》。立春时节，西湖尚有残雪，春梅在雪中初绽，还是一派刚刚走过凛冬的景象。常言道：晴西湖不如雨西湖，雨西湖不如雪西湖。虽是春寒料峭，但严寒已褪去大半，自然是可走近西湖一观究竟的。虽是二月之初已立春，寒风依旧冷三风，裹上厚衣服，踏雪迎春吧！

古人爱梅、赏梅、惜梅、叹梅。梅花象征吉庆，还有"四德"之说："梅具四德，初生为元，开花如亨，结子为利，成熟为贞。"梅有五瓣，寓意五福，冬春之交，立春之时，迎寒而开，既传递春的消息，又传递新岁的喜讯。

"灵峰探梅"是中国古时人们口口相传的初春赏梅节目。位于西湖之西的灵峰山下有青芝坞，旧时曾植有四百多株古梅树，梅海花界，成为赏

插梅花

梅佳地，可惜民国初期被毁。新中国成立后，杭州百姓又重新开辟梅园，植梅五千多株，虽没有古梅树的虬枝盘曲，但胜在品种丰富。每每梅开之时，梅林似海，暗香浮动，与西湖孤山、西溪并称为杭州三大赏梅胜地。立春时节，灵峰的春梅迎雪而开，但还不到胜景时。若要赏其全盛之致，还要待到元宵前后，雨水时节。立春时节，三五知己，结伴而行，赏梅还在其次，祈福一年福气相伴，是为岁朝乐事。

立春又几日，冰融雪化，便可去苏堤探春。苏堤自南屏山麓而起，至栖霞岭下而止，全长约3公里。苏堤之名自然与北宋著名文学家苏东坡有关。想当年，苏东坡任杭州知州时，疏浚西湖，又用葑泥构筑成了这一长堤。后人为纪念苏东坡治理西湖的功绩，命之苏堤。

"五九六九，隔岸观柳。"立春翻开了六九的画面，杨柳垂岸，柔情无限。苏堤春来，山色潋滟。"苏堤春晓"作为西湖十景之首，展开了寒冬过后，苏堤报春的美妙景色。

雅事：佳节无所有，聊赠一枝春

窗外若是春雪漫天，不妨临窗而坐，此时，若有一支半支鲜色相伴，更会为朦朦胧胧的天色添彩。宋元时期，围绕着文人雅士应运而生的四般闲事——斗茶、插花、挂画、焚香，唯插花偏偏倚重"色"之美。立春时节，天地虽朦胧，混沌尚待开，但清供一瓶花，似春光在屋内升腾，可感春之阳气的萌动。

插花，在中国是一门古老的艺术，最初源起于佛前清供，可回溯到那个著名的会稽山兰亭雅集。魏晋时期的王羲之在会稽山举办风雅集会，谓之"修禊"，即洗去冬日尘埃，感受春意。当时会有人准备一瓶花来参加雅集，这些花和花瓶也就成了清供摆设的雏形。清供有两层意思，一为松竹花香等清雅供品，二为盆景、文房、器物等玩赏的东西，插花就是清供中的清雅之物。晚唐时期，清供趋于成熟，直到两宋、明清达到巅峰。中国插花艺术讲求自由随心，生活中处处是元素，山间、林中皆有应季之物可入瓶来。一草一木总关情，可谓是相当佛系了。所以，千万不要认为自己玩不转插花。所谓明心见性，你想的是什么，自然呈现的就是什么。

立春前后，水仙和兰花趋于尾声，可作应季花卉插瓶，或者仅作为盆栽摆设，都是很不错的选择。加之二者幽幽的淡香，很符合立春含苞待放的娇羞本色。立春，"一候迎春，二候樱桃，三候望春"。迎春花树姿婀娜、金英绿萼，最适宜做盆景观赏。"室雅何须大，花香不在多。"点点花香在侧，春色指日可待。

立春到，暖气到；万物苏，山水俏；送春牛，
勾芒神；风解冻，虫始振；贺新岁，可探梅；
迎春花，案上吟。

雨水

好雨知时节，当春乃发生

春寒多雨水，地僻少轮蹄。

湿气连山暗，孤梅近竹低。

　　春寒、雨水、湿气、山暗、孤梅，这样一个听上去就很潮湿阴冷的节气当然是雨水。这首诗出自元代王冕的《春寒》，描述的就是雨水时节，天地间该有的样子。

　　雨水，是一个光听名字就可以打 90 分的节气吧！几乎所有的闲情、诗意都可以寄情于雨中。临窗听雨、雨中小憩，雨水时节，我们一切慢慢来。

气象学上的春天从雨水开始

"正月中，天一生水。春始属木，然生木者必水也，故立春后继之雨水。且东风既解冻，则散而为雨矣。"在《月令七十二候集解》中，很清晰地为我们描摹了一幅春雨图。东风吹来，万物解冻，散化成雨。自此，冰天雪地成为往事，新的气候征兆翻开了天地新的篇章。雨水至，气象学上的春天才正式到来了！

"好雨知时节，当春乃发生。"春雨总是伴随着春天而来，若没有雨水的滋润，何来新绿的萌发？雨水前后，江南的春梅开得刚刚好；雨水一下，梅瓣伴随着春雨洒落泥土，盛也此时，衰也此时。"夜来风雨声，花落知多少。"因为雨水的滋润，冰冻了整个寒月的大地才刚刚滋生出泥土醇厚的气息，深深嗅一口，满是生机勃勃。雨露滋养便意味着生生不息，所以在这一天，在四川民间有拉保保（干爹）的习俗。

"正月十五闹元宵，闹完元宵拉保保。"从唐代开始，川西地区的百姓就有踏青"游毛病"的习俗，以求一年平安好运，后来又发展出了"拉保保"。保保是四川方言爸爸的意思。"拉保保"意在保佑孩子平安长大，拉来命好的人做干爹干妈。直到现在，四川的广汉每年正月十六，也就是雨水前后都会举办这项古老风俗，大家带着新年的喜庆、新春的朝气聚在一起，为新的一年讨个喜气。

雨水时节的关爱还在新婚女婿与岳父岳母之间。在这一天，女儿、女婿要去给岳父岳母送节，而岳父岳母回赠雨伞，寓意"遮风避雨，一生顺风顺水"。

古时将雨水分为三候："一候獭祭鱼；二候鸿雁来；三候草木萌劝。"现在，雨水节气通常在每年的 2 月 19 日前后，这时太阳到达黄经 330°。这个节气，最明显的物候征兆即：河水解冻，水獭又能捕鱼了，还将鱼摆放在岸边，如同先祭后食；过五日，大雁归来；再过五日，草木新生，但也仅仅是抽芽，恰如"草色遥看近却无"。

雨水节气里包括"七九"的结束，迎接"九九"的到来，"九九加一九，耕牛遍地走"，所以雨水节气对于农民来说，意义是非同小可的，从农谚中便可略知一二："雨水落了雨，阴阴沉沉到谷雨。""雨水有雨庄稼好，大春小春一片宝。""立春天渐暖，雨水送肥忙。""雨水落雨三大碗，小河大河都要满。""雨水有雨庄稼好，大春小春一片宝。"……雨水节气下雨，绝对是好兆头，有了雨水，就有了丰收的期待。

"户家最解农田事，机器轰鸣陌野耕。"在这一天，我国南方地区的农民们正忙着除草、追肥、清沟排水，而在我国的北方却可能正在遭遇一场"倒春寒"，还需时刻提防低温冻害。

淅淅沥沥，绵柔多情，新绿初现，情人相望。这是一个动静相宜，诗人抒发情怀，旅人走向远方的节气，快去拥抱春天吧！

尝春笋

食令："能居肉食之上"的春笋

大家都知道"雨后春笋"，春雨后，最先端上桌的当数春笋。最好的春笋一定在江南的深山中。"夜打春雷第一声，满山新笋玉棱棱。买来配煮花猪肉，不问厨娘问老僧。"山野新味，就在雨水时节初尝。

中国人吃笋的历史已久，而且颇受文人雅士推崇。《诗经》早已有言："其蔌维何，维笋及蒲。"魏末晋初的竹林七贤之名，据说是因为他们常常相约竹林，赋诗谈心，竹便和文人紧密联系起来，而食竹笋，便成了高雅之事。

竹笋好吃，味美，再加上食笋的妙处颇多，当然就受到了历代文人的追捧，甚至有"尝鲜无不道春笋"之说。

"每日逢加餐，经时不思肉。"这是白居易在《食笋》里对竹笋的深情表白。

"宁可食无肉，不可居无竹。"这是大吃货苏东坡对竹的溢美。

"江南鲜笋趁鲥鱼，烂煮春风三月初。吩咐厨子休斫尽，清光留此照摊书。"这是郑板桥的一首《笋竹》。郑板桥中年潦倒，幸可作墨竹与兰，卖与江南富商，换回鲜笋和鲥鱼，真可谓是当下心安，难得糊涂！

而笋的做法何为上佳？翻开袁枚的《随园食单》，有这样的记录："笋十斤，蒸一日一夜，穿通其节，铺板上，如做豆腐法，上加一枚压而榨之，使汁水流出，加炒盐一两，便是笋油。其笋晒干，仍可作脯。"春笋全身皆是宝，可荤可素，才让李渔有了"能居肉食之上"的感慨。而最会吃春笋的人，还数江南人。

雨水刚过，一锅热气腾腾的腌笃鲜就上了百姓的餐桌。这是江南人迎接春天的方式。这满满的一锅，用料十足：有腌制过的咸肉，即"腌"；有新鲜的肉和春笋，即"鲜"；那么"笃"又是什么？在吴语种，"笃"即是用小火焖的意思。如此精细的一道菜，可谓将鲜发挥到了极致，口味再挑剔的人，想必也没法拒绝吧？

当然，春笋还有其他多种烹饪方式，炒、炖、煮、煨皆成佳肴。要吃到最上等的春笋，就要在雨水时节往江南走一趟了。想吃枸杞春笋就去上海；想要春笋白拌鸡就去南京；而喜欢笋尖的人，自然要选择杭州。杭州的笋尖是公认的最好，就连梁实秋也是认同的："用春笋的笋尖，配着胡萝卜等去油蔬菜，与鲜肉和肉冻一起做成馅料，包在面皮里。用大蒸笼蒸熟了，肉冻变成鲜美的汤汁，春笋的味道让它吃起来又鲜又不油腻。"

要尝鲜儿，一定要抓紧。过了清明，笋就糙得很了。此时，人们将春笋做成了笋干。要吃新鲜货，且待来年。

雨水时节，素有"春果第一枝"的樱桃开始登市，正可谓春天一到万物生，嫩时可食好时节。

出游：撩动春心的柳眼梅腮

雨水轻轻地来，刚一落在梅上，含苞多日的梅便绽开笑颜；再几场雨，梅瓣便随雨而落，化为春泥。"无意苦争春，一任群芳妒。"梅自严冬而来，在暮春而去，雨水时节，正是赏梅之季。

西湖早春

　　"暖雨晴风初破冻，柳眼梅腮，已觉春心动。"寻梅，并不一定要踏雪，也可以是在春雨春风中。六朝古都的南京，自六朝起便开始植梅，至今已有1500多年历史。而南京梅花山更素有"天下第一梅山"之美誉，与上海淀山湖梅园、无锡梅园和武汉东湖梅园并称"中国四大梅园"，且居四大梅园之首。

　　或有迫不及待之人，早在立春之前就已经来过这里。时浅时深的雪色中，埋藏着几颗红蕊，娇羞含情，将开未开，是金陵人士口中的"探梅"季。雨水一到，直至惊蛰，梅便迎雨而开，梅花山的赏梅期到了！一抹嫣红自山脚蔓延山顶，云蒸霞蔚，连成一片，真可谓"到处皆诗境，随时有物华。"

　　无论是"淡妆宫粉"还是"密花骨红"，在细雨的拨动中，梅花纷纷似雪般飘落，飘进江南佳丽地，飘进楼台烟雨中。

雅事：春雨春茶宜读书

雨水时节，严冬刚化，春意萌动。雨水滋润过的地方，便滋生出柔黄，像婴儿的脸蛋，叫人忍不住想要亲近。若说到春天的意境，便都洒落在丝丝扣扣的春雨中了。

都说春来不是读书天，却不知雨水时节，却又最适合读书。清人张潮就在《幽梦影》中有言："春雨宜读书，夏雨宜弈棋，秋雨宜检藏，冬雨宜饮酒。"春雨绵柔，润物无声，像伴奏曲一样敲打在窗前，是读书人最好的陪伴。

如果有一盏春茶相伴，便更添妙趣了。雨水时节，有缘人可品得第一拨的明前茶。都说"明前茶，贵如金"，明前茶，确切说来就是雨水至清明这段时间采摘的茶是茶树经一寒月后长出的第一茬新芽。此时的茶，最为鲜嫩。若能一汲山泉来温烫雨前就采摘的几片嫩芽，更可谓奢侈了！所以素有"雨前是上品，明前是珍品"之说。世人偏爱春雨中的那几片东方树叶，或许是因为它们汲取了天地之灵气，雨水之精华，幻化为最能理解春意阑珊的物种吧！而春恐迟，人易老，这美好的青春气息却能长存在这一盏春水中，长驻于唇齿间。

雨水到，冬雪融；鸿雁来，草木发；赠雨伞、拉保保；落了雨，好除草；食春笋，摘樱桃；赏梅去，新茶俏。

惊蛰

一雷惊蛰始，春风几日闲

微雨众卉新，一雷惊蛰始。

田家几日闲，耕种从此起。

丁壮俱在野，场圃亦就理。

归来景常晏，饮犊西涧水。

春雷乍动，大地惊醒。感知到大地的温度，沉睡多时的虫豸渐渐苏醒过来，人们伸伸懒腰，舒展筋骨，迎接仲春的来到。

唐人韦应物《观田家》，写出了惊蛰时节农家里外忙碌的景象。可见，惊蛰就这样一个不得闲的节气。春雷如鞭策，号召我们如惊蛰天一般，朝气蓬勃，奋发向前。

过了惊蛰节，春耕不能歇

天光似有泛白，一声沉闷的春雷，穿越漫漫长冬寂寞的天空，乍地震动了万物萌动的大地，由远及近，从一声到一阵，似战鼓轰鸣，像忽地吹响的号角，沉睡已久的一切，都苏醒过来。久不曾闻得的虫豸声，开始渐渐自泥土中发出，于是，你听到了万物生的声音。

这一天，就是惊蛰。每年 3 月 5 日至 7 日间到来。

"惊"，意谓春雷滚滚，惊动了蛰居的动物；"蛰"，指动物入冬藏于土中，蛰伏不动，不吃不喝，也就是我们通常所说的冬眠。这一天，太阳到达黄经 345°。《月令七十二候集解》中写道："万物出乎震，震为雷，故曰惊蛰，是蛰虫惊而出走矣。"

古时惊蛰有三候："一候桃始华；二候鸽鹏（黄鹂）鸣；三候鹰化为鸠。"意思是，惊蛰时分，可以期待桃花的盛开；黄鹂鸟飞走林间，啼叫欢鸣；斑鸠、燕子也闻得春天的气息，纷纷开始活动；鹰隼止语，而蛰伏的鸠（即布谷鸟，古时也称子规）却开始鸣叫求偶。自此，冬天真正过去，天地彻底苏醒过来，也标志着仲春时节的开始。

春深子规啼，挥动春锄趁春晴。惊蛰对于农民而言，是个非常重要的节气。"过了惊蛰节，春耕不能歇。""九尽杨花开，农活一齐来"。惊蛰一到，我国的大部分地区就正式进入春耕季节了。

说到这里，一定要提到古代民间的一幅画《皇帝春耕图》，画的是九五之尊明太祖朱元璋亲自扶犁耕田的场景。这幅画上还有一首打油诗："二月二龙抬头，天子耕地臣赶牛，正宫娘娘来送饭，当朝大臣把种丢。春耕夏耘率天下，五谷丰登太平秋。"这里说的二月二又是个什么日子？农历二月初二又被称为"春耕节""农事节"，传说是"龙抬头"的吉日，这一天刚好在惊蛰前后，甚至跟惊蛰这一天重合。在二月初二这天，人人都要理发，祈求一年好运，而惊蛰则有祭白虎化解是非的习俗，总之，惊蛰和二月二都是赶走旧时霉运、祈福新生欢喜的日子。

春雷声声催人振奋，几家闲情暂且搁置。农家人开启一年的忙碌模式，读书人呢？且莫把大好春光辜负。一年之计在于春，一寸光阴不可轻。这便是惊蛰的警世意义。

食令：吃梨食蛋饮醪糟

惊蛰一到，春燥也随之而来。天干物燥，口舌难以生津，遇到连日干晴，还容易咳个不停，怎么办呢？吃雪梨！梨，素有润肺止咳、滋阴清热的功效，特别适合缓解春燥。冰糖雪梨银耳羹、柠檬冰糖梨、小吊梨汤、八宝梨罐……这些简单易学的小甜汤可以做起来啦！

惊蛰食梨，可是有说头的呢！惊蛰开始，百虫苏醒，若是害虫遍布田野，那这一年的收成就堪忧了。所以，在古时，农民都会在这一天

炖梨汤

吃梨，梨取"离"谐音，意为与害虫别离。渐渐地，这一习俗自田间广泛流传开来，人们纷纷在这一天吃梨，希望借"离"之意，与旧日的疾病、痛楚分离。以致后来，在苏北以及山西一带，还有"惊蛰吃了梨，一年都精神"的民谚。

光吃梨怎么行？还要吃蛋！传说在惊蛰这一天，人们要"贿赂"白虎，白虎有唬人的獠牙，人们不得靠近，只能以蛋投食。白虎吃饱后，就不会出来伤人了！久而久之，这样的习俗被延续下来，又演变为大家自己要在这一天吃蛋。

经过漫长的寒冬，每个毛孔都闭塞，随着阳气的复发，人也从冬日严寒中醒来，每个毛孔也渐次打开，准备排除身体内积蓄已久的寒气。这个时候，正是小酌好时候。

在我国大西北的冬天，自西伯利亚而来的极风肆虐，"我家住在黄土高坡，大风从坡上刮过"。天地苍茫，冰雪封山，四下一片沉寂……好不容易挨到了立春，继而是雨水，又惊蛰，我国大部分的地方已经是"微雨众卉新"的景象，而大西北却刚刚有了寒意将褪，春阳初动的征兆，好歹也算是终于把春给盼来了！于是，家家户户准备启坛喝醪酒，唤醒身体的每一个细胞。醪酒，就是醪糟酒，又称作米酒，本是江南产米区以糯米加甜曲制成的发酵食品，传到大西北的西宁落户后，在清水醪糟中加入葡萄干、桃仁、果干，使其具有浓浓的西域风味。醪糟虽是一种酒，不过酒味较淡，一般不会醉人，但眼下春风已来，春色已生发，可谓酒不醉人人自醉。

出游：玉兰争辉二月节

"阳气初惊蛰，韶光大地周。"这是唐朝诗人元稹在《咏廿四气诗惊蛰二月节》中关于惊蛰的描述。

惊蛰，二月节，在我国古代，各地皆有惊蛰时节赏春游玩之俗，还被冠以"花朝节""踏草节""花神节"之美名。日子也捡得极好，多为二月二龙抬头的吉日或是二月十五。到了唐朝，对二月节的重视尤甚。唐德宗更是将二月初一设为中和节，与上巳节、重阳节并称"三令节"，每逢此时，便是"长安水边多丽人"之胜景。

惊蛰后逢丽日出行，便成了仲春时节最盛大的仪式。趁着古时二月节的遗风，在惊蛰天的和煦中，人们携手同游。

仲春已至，万物生光辉，但要论赏花，还欠点意思，非要等到春分时才能邂逅百花仙子广撒恩德。不过，却有一二先于群芳而怒放，一数立春就已报晓的迎春花，二则惊蛰露面的玉兰花。要说玉兰呢，还真是一种有意思的品种。它的花朵生长在枝条顶端，先叶而放。其实早在雨水节气，玉兰便沾雨而含苞，至于惊蛰节气，已是粉红玉白向天蓝了！

中国栽植玉兰的历史已有 2500 多年之久，屈原的一曲《离骚》赋予了它高贵的即视感："朝饮木兰之坠露兮，夕餐秋菊之落英。"在我国的峨眉山、黄山等名山中，仍可寻得野生玉兰的芳踪。想要细赏玉兰，倒也不一定非得访野，还可往上海这座中国最洋派的城市走一趟。玉兰花，是上

子规啼

海的市花，每逢惊蛰前后，上海处处玉兰开，素面粉黛惹人爱。黄浦江畔，满树繁花，千花万蕊，尽放一时，殊盛事也。

陌上枝头已染白，一起去玉兰树下漫步可好？

惊蛰已报，玉兰盛极一时，遇雨即消。再五日，桃花初放；又五日，杏花春雨；后五日，蔷薇满园。春天便是尽数在手了！

雅事：熏虫汲水草木青

惊蛰时节，有一件美事将要落幕，这就是画了一个冬的《九九消寒图》。这幅消寒图自冬至开始画，每日一格，待到九九八十一天一过，格子被填满，草青燕归，便是时下的惊蛰时分。

前面已经说过了，惊蛰与二月二时常一同到来，二月二的三件雅事便可在惊蛰提上日程：插香熏虫、深井汲水、看草木萌青。

"二月二，龙抬头，蝎子、蜈蚣都露头。"插香熏虫，这么风雅的事情一定要做。在古时，皇亲贵胄的宫殿府邸，各大建筑均是木质构造，为了防虫蛀，通常会用香木建造。时至今日，人们依然延续了惊蛰天、二月二熏虫的习俗。读书之人，甚是爱书，不妨将熏烧后的芸香草置于书中，也可达到防蠹蛀的功效。

太阳还没升到山冈上，讲究的人已经捎上一把茶壶，或者一只木桶，沿着太阳升起的方向，向山中去。他们要去找一口井，汲一口新鲜的春水。盛满后，还得边走边洒地挑回家中，再将剩下的水倒入水缸，只有这样，才表示钱龙已经被引回家了。守着刚刚簇新的嫩芽，这一年必定财运滚滚，盆满钵满。

惊蛰到，雷声响；子规啼，虫声鸣；龙抬头，忙春耕；要吃梨，煮醪糟；正春光，玉兰开；要勤劳，趁春好。

春分

仲春初四日，春色正中分

仲春初四日，春色正中分。

绿野徘徊月，晴天断续云。

燕飞犹个个，花落已纷纷。

思妇高楼晚，歌声不可闻。

徐铉的这首诗《春分日》，道尽了春分的消息：绿野、晴天、燕子、落花……哦，还有美女在浅吟低唱。

不管怎样，似曾相识燕归来，又是一年春分到。

阴阳相半是春分

春分，古时又称为"日中""日夜分""仲春之月"。《春秋繁露·阴阳出入上下篇》说："春分者，阴阳相半也，故昼夜均而寒暑平。"

每年3月21日左右是春分。白天黑夜被平分，各占一半；古时，自立春到立夏的这三个月都是春季，而春分这一天刚好平分了春季，故名之。春分这天，地球地轴与地球绕太阳公转的轨道平面处于一种力的相对平衡状态。正因为这个特殊的时间点，聪明的古人玩起了春分竖蛋的游戏：选一个光滑匀称的新鲜鸡蛋，将它在桌子上竖起来，"春分到，蛋儿俏"。

古时春分有三候：一候元鸟至；二候雷发声；三候电始鸣。也就是说，从这一天起，天地开始活跃起来，春已扫尽去冬的寒意，达到极盛的模样，同时也悄然向夏的炎热过渡。

春分一到，农事正忙。"春分麦起身，一刻值千金。""二月惊蛰又春分，种树施肥耕地深"……这些农谚都告诉我们：春分时节，农耕植树正当时。

虽然已经是春天过半，但时不时还有一场倒春寒袭来，尤其在我国北方地区，还可能会遭遇春旱，所以才有了"春雨贵如油"之说。倒春寒、春旱、大风、沙尘暴，有时候，春分也是一个调皮的孩子！还好，多数情况下，春分总是温柔又多情的。春暖花开、草长莺飞……这些才是春分的正确打开方式。

食令：荠菜香，春菜美

除了枝头传递而来的讯息以及视觉与体感的变化，人们感知时节的更替，总是从一口吃的开始。

春色中分，万物复苏，新鲜的蔬菜大量上市，五花八门，被端上餐桌。这其中首推的人气"报春菜"当然是荠菜。荠菜在立春后开始生长，到春分正是最鲜美的时候，民间流行着"宁吃荠菜鲜，不吃白菜馅"的说法。

食用荠菜的历史，可以追溯到西周至春秋时期的《诗经》："谁谓荼苦，其甘如荠。宴尔新婚，如兄如弟。"荠菜的吃法多种多样，炖、煮、炒、烹均可。宋代最著名的"吃货"苏东坡做的"东坡羹"就是荠菜粥。千百年来，人们最喜欢的还是用荠菜与鸡蛋或豆腐做馅制成包子、饺子，或者烙成馅饼，都鲜美可口。此外，诸如荠菜豆腐羹、荠菜神仙汤等，都因风味独特，被认为堪比珍馐佳肴。

荠菜作为春菜头牌，不仅大获吃货们的芳心，而且广受中医的好评。古代医籍《名医别录》称荠菜"甘温无毒，和脾利水"；而明代李时珍在其《本草纲目》里，称荠菜有"明目益胃"的功效。至于民间，则有"三月三，荠菜当灵丹"的说法。这无异于将小小荠菜，直接推上了"封神榜"。

春分时节的美味野菜，与荠菜勉强齐名的，也许还有广东地区的"春菜"。颇有美

荠菜羹

食心得的岭南人都知道这句老话："春分吃春菜。"那这个春菜到底是什么菜呢？

春菜学名"野苋菜"，又称"春碧蒿"。按照传统，广东江门地区（曾经的四邑，后来加上鹤山为五邑）的人在春分那天，全村人都去采摘春菜，回来后与鱼片滚汤，名曰"春汤"。有顺口溜道："春汤灌脏，洗涤肝肠。阖家老少，平安健康。"因为春菜有清热解毒的功效，尤其适合岭南人身体所需。

春分一过，诸如桑葚、樱桃、草莓、菠萝等水果也将大量上市。这些水果好看又好吃，也是适合春季的滋补之物，大人小孩都喜欢。

出游：解春愁，寻春茶

古人惜春亦伤春。"春风不相识，何事入罗帏。""闺中少妇不知愁，春日凝妆上翠楼。忽见陌头杨柳色,悔教夫婿觅封侯。""日色欲尽花含烟，月明欲素愁不眠。"

春分时节，本是春色动人的绚丽之景，但稍有风吹草动、花开花谢，文人就各种"犯愁"。敏感多思，借景发挥，文人的诗情画意便与这个时节的天气一样，千变万化，千愁万绪，捉摸不透，这就是所谓的春情春愁。

虽有春情羁绊，但却不应春日伤怀。蜗居了一整个冬天，是时候出门去接地气了！民间流行的"踏青"开启了。所谓"春来不是读书天"，花都开了，还在等什么呢？放风筝、赏花，都是这个时节最推崇的出游方式，尤其以放风筝最为推崇。

除此，还有更有趣的春事，便是寻茶。惊蛰、春分一过，到了谷雨、清明便是摘茶的时节了。所以，春分一到，便进入茶人一年最忙碌的时节。

"扬子江心水，蒙山顶上茶。"位于四川雅安的蒙顶山，五峰环列，状若莲花。最高峰上清峰，海拔 1456 米，被誉为"茶祖仙山。"这里是世界茶文明的发祥地，世界茶文化的发源地。两千多年前，茶祖师吴理真在蒙顶山上开启了人工种茶的历史。

蒙顶盛产甘露。"蒙之中顶茶，当以春分之先后，多构人力，俟雷之发声，并手采择，三日而止。"采摘甘露，讲求的是细嫩。所以，春分时节，在龙井、碧螺春、铁观音等一众大牌还犹抱琵琶半遮面时，蒙顶山上的茶农们却要抓紧采摘甘露了。

爬至天盖寺的古树下，抓一把好茶，春水煎之，这一季的娇蕊都在唇齿间了。

雅事：花入馔，春日宴

春分，一候海棠、二候梨花、三候木兰。春色被平分，拾花正当时。常年开花的矮牵牛、石竹、波斯菊，这个时候可以播种了；春之花市，热闹非凡，要赏现成的，那"占断春光"的桃花、"一团香雪"似的杏花、"艳

花入馔

妆一出更无春"的海棠，皆可请进自家庭院。所谓种花、种草、种春风，错过春分，更待何时？

劳作得有些乏了，不妨置一盏茶席，于梨花树下席地而坐，用铸铁壶煮上寒意刚褪的春水；至于茶叶，选用上好的绿茶皆可；茶花则是微风吹落的梨花，或者张爱玲倾心的海棠，再辅以卵石、青苔，好一段"一阕闲情半杯茶"。

而春分之上等雅事，一定是以花入馔。"花馔"，即用四时花卉做成的美食佳肴。古人有春吃花、夏吃叶、秋吃果、冬吃根的说法。以花为食的记载，最早应数《离骚》："朝饮木兰之坠露兮，夕餐秋菊之落英"。以花入馔既是风雅之事，也是追求与自然完美融合的生活态度。

《红楼梦》里宝钗精贵的冷香丸，"要春天开的白牡丹花蕊十二两，夏天开的白荷花蕊十二两，秋天的白芙蓉花蕊十二两，冬天的白梅花蕊十二两。将这四样花蕊，于次年春分这日晒干，和在药末子一处，一齐研好。用同年雨水节令的雨十二钱，白露节令这日的露水十二钱，霜降节令这日的霜十二钱，小雪节令这日的雪十二钱。把这四样水调匀，和了药，再加蜂蜜、白糖等调和，制作成龙眼大丸药，盛在旧瓷坛内，埋在花根底下。发病时，拿出吃一丸，并用十二分黄檗煎汤送下。"可见，无论以花入馔，还是以花入药，都少不了春分这样的好时节助推。

古时，以花做饼、做粥、做面、入茶多受僧、道、隐士、文人雅士的推崇，时至今日，将这一嗜好发扬光大的，更数南方人。比如昆明的鲜花饼，大理的五朵金花炒蛋（菊花、茉莉花、玫瑰花、糖梨花、森林树花菌），鹤庆的桃花馅水饺和包子……人们将鲜花以别样的方式融入日常生活，正所谓"以花入馔，食之有道。"

当然，生活中并不能日日以求一枚冷香丸这般矫情，但在春分时节，以花为媒，食得人间芳踪，倒是未尝不可的。比如，做一碗满富少女心的樱花米粥；做一款略为妖艳的桃花蛋糕；还可用未尽的玉兰煎个花饼、新生的玫瑰沏壶茶，就连各家咖啡馆也会应景地推出春之樱花款拿铁……总之，春宴正当时，切勿辜负之。

最后，还得来一场春醉。"春日宴，绿酒一杯歌一遍，再拜陈三愿：一愿郎君千岁；二愿妾身常健；三愿如同梁上燕，岁岁常相见。"春分时节，饮春酒。春分时节，尚有风邪入侵，小酌几杯，可驱散冬日湿寒，扶助春生之气。春分也是酿酒的好时节，"春分造酒贮于瓮，过三伏糟粕自化，其色赤，味经久不坏，谓之春分酒。"

春分后，春过半；花正浓，风正暖；放纸鸢，玩竖蛋；雷为振，电鸣闪；山色新，闲情浓；快出门，寻春归。

清明

游子寻春半出城，万株杨柳属流莺

古木阴中系短篷，杖藜扶我过桥东。
沾衣欲湿杏花雨，吹面不寒杨柳风。

透过宋代志南的《绝句·古木阴中系短篷》，清明时节的春日胜景仿佛就在眼前。这是一个红杏灼灼、杨柳如线、细雨沾衣、似湿而不见湿的节气。

三月三，风筝乱；杏花雨，柳如烟。又是一年清明时。

先有清明节气，后有清明节

"清明时节雨纷纷，路上行人欲断魂。借问酒店何处有，牧童遥指杏

花村。"有多少人被这首诗误导，以为清明单单就是一个伤感的节日？

清明，首先是一个节气，然后才成为中国一个重要的节日。

清明清明，天地清明，既不浓烈，也不寡淡。西汉时期《淮南子·天文训》关于清明节气的描述是："春分后十五日，斗指乙，则清明风至。"《岁时百问》则说："万物生长此时，皆清洁而明净。故谓之清明。"

清明，是一个可以洗眼的节气。仲春已逝，暮春已来，春风已暖，世间清新。这是一个令人浑身舒服的节气。春天的风已暖，而夏日尚早，不冷不热，宜晨练.春分已过，夜也不再漫长，期待已久的夜生活终于可以重新提上日程。春风春雨多情，正是春耕春种好时节。古时今日，清明也是基于农事的一个重要节气，所以有"清明前后，点瓜种豆"之说。清明谷雨相连，所以清明要明，谷雨宜雨，才会有好收成。

清明，一般在公历 4 月 5 日前后到来，不仅是春天一个重要的节气，更是中华民族一个重要的节日。先有清明，后有清明节。清明节的起源，据传始于古代帝王将相"墓祭"之礼。《后汉书·明帝纪》曰："永平元年春正月，帝率公卿已下朝於原陵，如元会议。"清明扫墓源于汉，直到唐朝才开始在民间盛行于此日祭祖扫墓，历代沿袭而成为中华民族一种固定的风俗。说到清明节，就不得不提在它之前一日的寒食节。春秋时期，晋文公曾四处流亡，当时的高士介子推不离不弃，在他饥饿难当之时甚至割了自己的大腿肉烤熟给他吃。后晋文公复国后，介子推谢绝封赏，携母归隐。为逼介子推出山，晋文公采用了放火烧山的馊主意，结果把介子推给烧死了。悔恨不已的晋文公便下令国人以后在这一天都不准生火，以慰介子推在天之灵。这就是寒食节的来历。寒食节距今已有2600多年的历史了，比清明节悠久得多。除了禁火、食冷食，寒食节还有一个非常重要的节俗，就是祭扫。唐宋时期，寒食节可是非常重要的节日。唐朝的寒食节，里社的长者都要到各家各户走访，用鸡毛插入炉灰中，稍有焦灼，此家就要受到惩罚。宋代则有"人间佳节惟寒食，天下名园重洛阳"之说。最初的寒食节也不是一天，最长的据说达105天，最短也要近一个月。吃最少一个月冷食，对人的身体非常不好，所以后来才慢慢改得时间越来越短。从唐宋到清以前，清明节一直定在寒食节两日后，到清初汤若望立法改革后，清明节定为寒食节之后一日，并沿用至今，寒食、清明两节逐渐融合，清明节从寒食节的一个"小跟班"渐渐发展壮大，取代寒食节的地位成为重要节日，并且在此前风俗的基础上，还增添了古时三月初三上巳节的踏青、荡千秋等重要的活动内容。由此，扫墓祭祖、踏青郊游成为清明节的基调。时至今日，清明节与春节、端午节、中秋节并称为中国四大传统节日，还入选我国第一批国家级非物质文化遗产名录。

清明，其实是一个桃红柳绿、莺飞草长、温馨融洽的时节。劝君更需珍惜，珍惜为时不多的春光，珍惜身边的人和事，活好当下，才是清明的意义吧！

食令："捣青草为汁，和粉作糕团"

说到清明的食俗，也不得不提到寒食节。从汉到清，社会在不断

尝青团

发展，寒食节也在不断衍化。从最初的"绝火一月，只食冷粥"到清代的偏重热食，在食俗的更迭变化中，寒食节也逐渐与清明节融合。如今，寒食文化已不再出现在清明节习俗当中，仅仅在介子推长眠的山西绵山一带还尚存寒食节禁火的习俗。但有一样食物，从寒食节传到清明节，并被保留和延续下来，这就是人见人爱的青团。

　　一盏白色的瓷盘上，圆乎乎的青团挨个儿躺在上面，翠绿泛光、绵柔可爱，好似窗外的无限春光，让人忍不住想要一亲芳泽。中国人对于青团是宠爱的，这份宠爱延续了几千年。自古时上巳节起，人们就开始做青团，那时叫作"龙舌粄（bǎn）"。（上巳节俗称三月三，是古代举行"祓除畔浴"活动中最重要的节日，人们结伴去水边沐浴、祭祀宴饮、郊外游春。因为此时季节交替，寒气尚未褪尽而阳气还不够强大，去水边洗涤一番，晒晒太阳，又能消除疾病又能祈求福祉。）而后有了寒食节，因该节需要禁火多日，龙舌粄蒸熟后可以冷食，所以摇身一变成为"寒食饼"。寒食、清明两节融合后，寒食节的文化由此并入清明，寒食节的食物也变为清明的重要食令。清代大吃货袁枚在《随园食单》将这款萌萌的食物收入其中，并亲昵地换作"青糕、青团"。"捣青草为汁，和粉作糕团。色如碧玉"。青团之名尘埃落定。

　　时至今日的清明餐桌上，仍然少不了青团这道美物。清明时节，烟雨蒙蒙，衬得江南粉墙黛瓦一如小家碧玉般惹人怜爱，一簇簇药香扑鼻的艾草从田间地头探出头来，摘下尚且带着露水滋润的嫩芽，鲜明无比。艾草是一味药，略带苦涩，不过要祛除这淡淡的苦味并不难，煮沸、加碱粉、过冷水便成，再从中提出汁液，融入糯米粉揉成的团子中，这青色让糯米团子有了脱胎换骨之感，是名副其实的内外兼修的美女。

不过，青团取汁儿也不只选取艾草一种。到了四川，你吃到的是清明草青团；到了温州、台州一带可以吃到地梅青团；湖南、安徽一带则是茵陈青团；苏州人除了做艾草青团，还会做一种麦苗青团。

汲取春天的精华，采自大地的味道，留存乡愁的记忆，这就是青团，这就是清明。至于明前茶，已是浓香怡人；各种野菜，首推蕨菜；银耳桑葚，清肝生津。清明正值春，尝春正当时。

出游："忙趁东风放纸鸢"

杏花，春雨，江南。

暮春的清明，藏在"深巷明朝卖杏花"里，隐在"红杏枝头春意闹"里，也在"牧童遥指杏花村"中。

清明，的确是一个以祭祀文化为主的传统节日，但它绝对不是一个基调悲伤的节日！

明《帝京景物略》有言："三月清明日，男女扫墓，担提尊榼，轿马后挂楮锭，粲粲然满道也。拜者、酹者、哭者、为墓除草添土者，焚楮锭次，以纸钱置坟头。望中无纸钱，则孤坟矣。哭罢，不归也，趋芳树，择园圃，列坐尽醉。"古人在清明这天先是进入肃穆的缅怀先人环节，转而又是一番"寻芳讨胜，极意纵游"的欢乐景象。说来也是，追思过往，是为了更

放纸鸢

好地活好当下。所以清明这样一个万物复苏、春和景明的季节，也许也是为了帮助大家尽快放下包袱，迎来清爽明媚的新生活吧！

古时，寒食节、清明节、上巳节都相距不远，且都有踏青游玩的习俗，好一派春光无限好，游子寻春半出城之景。到了唐德宗时，清明节的假期已经长达 7 天，大概这是中国历史上第一个"黄金周"了吧？宋代，尽管有声音质疑《清明上河图》的清明是地名而非节日，但大部分人还是认为它描绘的是宋代清明时节的景色。从画中的描绘来看，人们沉浸在乘船坐轿、打把式卖艺、豪情饮酒之中，可见，宋朝人的清明节是彻头彻尾的全民狂欢节。

赏春光、荡秋千、放纸鸢，是古时清明三大流行玩法。直到今天，在清明节期间，山东潍坊还会举办风筝节。不过，好像这些玩法都比较适合女性，那么，男子在这个时节玩什么呢？蹴鞠、斗鸡、看美女。前两件事好理解，至于第三件事嘛，其实也是相当文雅的。"正月灯，二月鹞，三月上坟船里看姣姣'。"这是流传于江南绍兴坊间的一首儿歌。姣姣，就是清明时节走出闺阁去上坟的靓丽女子。于是乎，爱情的种子便在乌篷船头悄然滋生。江南水乡，涟漪泛起，乌篷船仍在，姣姣娇美，清明的故事，仍然在这里发生和继续。

雅事：曲水流觞，仍可效"兰亭"

　　古代文人着实会玩，最最高雅的玩法莫过于清明期间流传开来的"曲水流觞"。东晋永和九年（353年），上巳节，大书法家王羲之携一众亲朋，共42人，于兰亭溪边席地而坐。风和日丽，万里无云，春风拂面，众人诗心荡漾。兰亭清溪蜿蜒曲折，一人将盛酒之觞放于上游的溪水中，任其随流水逐波而下，当觞在谁面前停顿或者打转，谁便需赋诗饮酒。作不出诗者，还得罚酒三觥。诗情、酒意、流水、春光，这么高级的诵诗会也只有王羲之这等的文艺青年想得出来！这样一段美妙的往事，也被王羲之记录在册："永和九年，岁在癸丑，暮春之初，会于会稽山阴之兰亭，修禊事也。群贤毕至，少长咸集。此地有崇山峻岭，茂林修竹，又有清流激湍，映带左右，引以为流觞曲水，列坐其次。虽无丝竹管弦之盛，一觞一咏，亦足以畅叙幽情。是日也，天朗气清，惠风和畅。仰观宇宙之大，俯察品类之盛，所以游目骋怀，足以极视听之娱，信可乐也。"

　　曲水流觞，《兰亭集序》，仍可效仿。

杏花雨，落清明；踏青去，勿伤感；摘蕨菜，食青团；趋芳树，择园圃；天宜明，可畅饮；春光里，共追忆。

谷雨

燕忙莺懒蝶蜂翾，花落春归又一年

春归何处？寂寞无行路。

若有人知春去处，唤取归来同住。

春无踪迹谁知？除非问取黄鹂。

百啭无人能解，因风飞过蔷薇。

春末的一天，风雨将至，偶读黄庭坚《清平乐·春归何处》，间或抬眼，蔷薇满院，恍然大悟，已是谷雨天，惜春之情不免油然而生。

春深迟暮，雨生百谷

转眼，已是四月的尾巴。春迟暮，夏将至，世间的风已经从微凉转为微热。蔷薇满园香，也长不过两周光阴，这是春天最后的舞曲。脾气火爆的夏天，终将接手温和春天打造的曼妙花园。

每年4月20日或21日，太阳到达黄经30°，就是谷雨。古时谷雨有三候："一候萍始生；二候鸣鸠拂其羽；三候戴胜降于桑。"意思就是说，谷雨后五日，浮萍开始生长；又五日，布谷鸟开始提醒人们要播种了；再五日，便能在桑树枝头望见戴胜鸟。

谷雨，是一个听上去就跟农事息息相关的节气，事实上也确实如此。《群芳谱》里说："谷雨，谷得雨而生也。"民间又有言："清明断雪，谷雨断霜"。随着甘霖普降，天气暖和，给谷类作物提供了良好的生长环境，"雨生百谷"由此而来。劳动人民在长期的生产生活中总结经验，积累了充满智慧又接地气的农谚："谷雨前，好种棉；谷雨后，好种豆。""谷雨是旺汛，一刻值千金。"这些话都告诉我们，谷雨有得忙！

除了忙农事，古人在谷雨这天还有一件大事要做：祭仓颉。这是自汉代流传下来的民间习俗。仓颉是黄帝时期造字的左史官。据《说文解字》记载，仓颉见鸟兽足迹而受启发，创造出汉字，被尊为"文祖仓颉"。传说他曾在梦中发誓："我想要五谷丰登，让天下的老百姓都有饭吃。"没想到第二天，天落谷粒。于是，黄帝便把下谷子雨这天定为谷雨节。

不风不雨正晴和，是谷雨；旅人游汲汲，春气又融融，也是谷雨；春涨一篙添水面，芳草鹅儿，绿满微风岸，还是谷雨。

最美人间四月天，乡村四月无闲人。

食令：雨前香椿，雨后鳜鱼

"雨前椿芽嫩无比，雨后椿芽生木体。"

谷雨时节，田间地头的香椿树上，香嫩无比的香椿芽挂在枝头。它可是相当有颜值的：绿叶红边，犹如玛瑙。而且，它不仅中看，也很中吃，被民间美食家捧为谷雨时节餐桌上的头牌。

香椿，原产于中国，广泛分布于长江南北，从地域的广度上看，好像是极易得的，但是从时间的维度上看，就不可多得了。因为，要尝香椿，仅在谷雨时节。过了谷雨，香椿便会老去，长成树枝。如今，香椿是城里人和乡下人春日餐桌的一道平常小菜，比如香椿芽炒蛋、香椿拌豆腐、香椿鱼儿等等，谷雨时节，这些是唾手可得的佳肴。正因为如此，我们总容易忘记，它其实是"奇货可居"的珍品。

中国人食香椿的历史很长，早在汉朝的时候，就已经被奉上"神坛"。为什么要说是"神坛"呢？因为那个时候，并不是所有人都能吃到这道野菜，它和荔枝一样，被作为贡品专呈给皇帝享用。一直到宋朝，这道帝王专享美食才被小范围扩大——贵族也可以享受这道

采春芽

美味了！于是，伟大的吃货苏东坡先生又出现了！他吃过这道美味后，赞其"椿木实而叶香可啖"。后来，香椿虽然已经"飞入寻常百姓家"，但它的采摘期最多不过十来天，所以仍然是一道金贵春菜。

老江南人的吃鱼手册里一定有这样一条：三月（农历）食鳜鱼。谷雨前后，正值"桃花流水鳜鱼肥"时，江南人最爱的松鼠鳜鱼由此而来。更何况，鳜鱼不贵，肉嫩、味鲜、少刺，让人欲罢不能。

除此之外，谷雨吃菠萝、草莓、香蕉也是顺应这个节气的时令和进补习惯的。在我国黔东南地区，还有谷雨节气煮乌米饭吃的习俗。黔东南的布依族每到谷雨时节，四月初八，便开始打田栽秧，也叫"开秧门"。在开秧门这天吃乌米饭，据说能强身健体，百病不生。

出游：江南蔷薇，洛阳牡丹

蔷薇开，四月间；谷雨天，秧满田。

"你是一树一树的花开，是燕在梁间呢喃——你是爱，是暖，是希望，你是人间四月天！"仿佛所有的温婉清丽都被林徽因定格在了人间四月。

四月天，山雨欲来，水波不兴，春末的消息在田间地头，在一树树枝头。

江南一带多野蔷薇。谷雨时节，一簇簇绽放在枝头，粉红、洁白，惹人侧目。要问最美的蔷薇在哪里？大概在李太白的诗里："不向东山久，蔷薇几度花。白云还自散，明月落谁家。"

东山是东晋名士谢安曾经隐居的地方。说到谢安，不得不提他被封为

"历史上最完美的男人"，没有之一。出身名门，当年的谢家可是东晋四大家族之一；风姿清秀俊朗，善行书，通音乐，性情娴雅温和；位居宰相，不仅破解了当时的权臣桓温的篡位之谋，还指挥了历史上著名的以少胜多的淝水之战；用情专一，在古代男人都三妻四妾的情况下，谢安却一生只娶了一位妻子，而且恩爱有加。这样一个完人，一开始其实并未涉足官场，而是选择在东山归隐，直到几位长兄去世，谢氏一族危急，谢安才踏足朝堂，顺便贡献了一个成语——东山再起。据施宿《会稽志》载：东山位于浙江上虞西南，山旁有蔷薇洞，相传是谢安游宴的地方；山上有谢安所建的白云、明月二堂。看似信笔抒写之下，却大有深意。虽身处东山之中，有白云、明月相伴，看似"归去来兮"，却心有隐隐不甘。如此，蔷薇便被安排出现了。"朵朵精神叶叶柔……闲倚狂风夜不收"，蔷薇看似娇弱，实则坚韧。"心有猛虎，细嗅蔷薇。"说的大抵就是这个意思。

看过江南的蔷薇，我们还得去古都洛阳细赏牡丹。"绿艳闲且静，红衣浅复深。花心愁欲断，春色岂知心。"这一首王维的《红牡丹》道尽了春末谷雨，牡丹妖娆的情景。洛阳牡丹的盛名由来已久，有"洛阳地脉花最宜，牡丹尤为天下奇"之说。谷雨前后，是牡丹花开之时，因而牡丹素有"谷雨花"之称。

牡丹，栽培于隋，鼎盛于唐，宋时登峰造极。在宋之前，牡丹的栽种重地是长安。彼时，唐代妇女喜欢在发髻上簪花，有的簪真花，有的簪假花，更喜欢将牡丹花簪于发髻，彰显雍容华贵。李白有感而发："云想衣裳花想容，春风拂槛露华浓。若非群玉山头见，会向瑶台月下逢。"说到这里，还

赏牡丹

有一段小插曲。据说，武则天登基称帝那一年的冬天，一时兴起，带领一众妃嫔游园。适时百花凋零，唯梅花一枝独秀。武则天游园后悻悻，遂写下"来朝游上苑，火速报春知。百花连夜发，莫待晓风吹。"第二天一早，园里的百花果然迎风而开，唯有牡丹不应此景。武则天大怒，命人焚烧牡丹，还不嫌过瘾，又下了一道圣旨：连根铲除，贬出长安，扔到洛阳邙山。"于是，牡丹便被逐出长安，"下嫁"到洛阳。因为这段野史，让许多人误认为牡丹是在武则天之后才广植于洛阳。事实上，早在隋炀帝时，洛阳就引进了牡丹，但世人仍认定"自唐则天后，洛阳牡丹始盛"的论断。

清明过后，谷雨之时，正是牡丹鼎盛之景，要论赏其貌、品其格，还是要往洛阳走。因为牡丹的渊源和历史文化，洛阳在1983年设立了牡丹花会，2010年更名为中国洛阳牡丹文化节，还入选了国家非物质文化遗产名录。牡丹是中国的国花，寓意中华民族山河锦绣、兴旺发达、美好幸福。在洛阳的王城公园、国家牡丹园、中国国花园、神州牡丹园、花苑公园、白马寺等地，还能体会到"阅尽大千春世界，牡丹终古是花王"。

雅事：谷雨好茶，汲泉试新

不风不雨正晴和，翠竹亭亭好节柯。

最爱晚凉佳客至，一壶新茗泡松萝。

几枝新叶萧萧竹，数笔横皴淡淡山。

正好清明连谷雨，一杯香茗坐其间。

　　清代的大玩家郑板桥真是闲啊，一杯香茗从清明端到谷雨,何等惬意!
按理说，谷雨时节，是应当闲下心来，以从容的姿态送走暮春，迎来初夏
的。清明、谷雨的明前茶和雨前茶被视作珍品。古时，谷雨时节采摘的茶
又称为二春茶，而谷雨节气这一天，无论天晴下雨，人们都是要出门采新
茶回来喝的，这一天的茶被称为"谷雨茶"。无论你是否为茶客，无论你
是否已经尝遍今岁往年珍叶，谷雨这一盏茶是一定要喝的，它不仅是文人
墨客认定的一件雅事，更是老百姓认同的一品醇香，乐享健康的幸福事。

　　风吹雨洗一城花，何似西窗谷雨茶。"带雨有时种竹，关门无事锄花,
拈笔闲删旧句，汲泉几试新茶。"暮春谷雨，没有萧索，没有凄风，没有离别，
几多趣味，都在嘀嗒雨帘下，都在谷雨这盏茶。

谷雨至，春已迟；春水涨，风不凉；蔷薇香，
牡丹旺；祭仓颉，田间忙；摘香椿，食鳜鱼；
品新茗，四月里。

夏

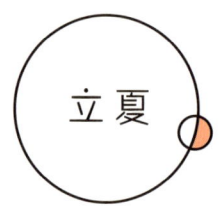

立夏

四时天气促相催，一夜熏风带暑来

孟夏草木长，绕屋树扶疏。

众鸟欣有托，吾亦爱吾庐。

既耕亦已种，时还读我书。

穷巷隔深辙，颇回故人车。

欢然酌春酒，摘我园中蔬。

微雨从东来，好风与之俱。

泛览周王传，流观山海图。

俯仰终宇宙，不乐复何如！

转眼已是五月，一年的三分之一已经过去。春天的所有铺垫已经完全到位，忽而就转入夏天。陶渊明归园田居后所做的这首《读山海经》，讲的正是立夏时节的田园生活。

立夏伊始，换了人间

农历四月间，公历 5 月伊始，我们迎来了四季的第二季——夏。《素问·四气调神大论》曰："夏三月，此谓蕃秀；天地气交，万物华实。"夏三月，始于立夏，终于立秋。古有"春生、夏长、秋收、冬藏"之说，经过一个春天的生发，夏天到了万物茂密、郁郁葱葱之时。

立夏，还带着春天的温度，百花走向尾声，草木葱茏，大有世间一片绿的势头。立夏，是刚刚打开了夏天的一扇窗，左脚尚还在春末，右脚已经跨向了夏天。如果说春天是五彩缤纷的，那么夏天的主色调一定是绿，而且是满溢的绿，悄然变换着明度和饱和度。

《月令七十二候集解》："立夏，四月节。立字解见春（同立春，始建也）。夏，假也。物至此时皆假大也。"这里的"假"即"大"的意思，也就是说，万物至此皆长大。南方人已经按捺不住，早早换上了凉席。傍晚的风已开始带着热度，仔细听，似有一两声虫鸣和蛙叫从田间传来。《逸周书·时讯解》："立夏之日，蝼蝈鸣。又五日，蚯蚓出。又五日，王瓜生。"

夏早日初长，南风草木香。太阳到达黄经 45°，温度明显升高，雷雨随时会来，所谓"春争日，夏争时"，农作物终于等到了拼命发力的好时节。"多插立夏秧，谷子收满仓。"立夏是宜雨不宜晴的。"立夏无雨，碓头无米。"雨来了，便是夏天的好兆头，如若不来，便可能守着一个苦夏难熬了。

立夏，预示着季节的转换，在战国末年就已经确立了。在古时，"立夏"

的"夏"寓意着"大"，意指春天播种的秧苗，到此时已经长大了。为了秋天的丰硕果实，人们对立夏的态度，可谓相当虔诚。

《岁时佳节记趣》一书记载，先秦时各代帝王在立夏这天，都要亲率文武百官到郊区举行迎夏仪式。为了迎接夏日的炎火之神，突出庄严与尊重，君臣都要着朱色礼服，佩带朱色玉饰，乘坐赤色马匹和朱红色的马车，连车子的旗帜也是朱红色的。这样红红火火的迎夏仪式，就是为了向上天祈求：今年一定得是个好收成啊！

立夏后没几日，夏热便渐渐来袭，烦暑也随之而至。靠冷饮、空调和外卖"续命"的现代人不太明白，这么热的夏天，古人怎么办？《甄嬛传》中有这样一个片段：皇帝携甄嬛等一众妃嫔前往圆明园避暑，刚到，便命人取冰窖的冰砖至各处，给大家降温用。所以，古人还是很会想办法的。在明朝《帝京景物略》中就有记载："立夏日启冰，赐文武大臣。"据考证，立夏赐冰的习俗，还并非起源于明代，早在《周礼》上就有相关的记录了。

天子大臣们可谓"城会玩"，那么老百姓呢？自然不甘落后。你们搞高大上的，那我们就来点接地气的。第一个项目：挂蛋囊。大人用丝线编成蛋套，将煮熟的鸡蛋或者鸭蛋装入其中，挂在小孩子脖子上。第二个项目：称人。到了这一天的中午，男女老幼都要称一下体重。据说，在立夏称重，夏天就不再怕热，也就不会苦夏、消瘦了。这一习俗源于三国时期。据说，刘备死后，赵子龙将刘备的儿子阿斗送到其后妈——孙夫人家。那天正是立夏，孙夫人当着赵子龙的面给阿斗称体重，来年立夏再称，看体重增减，以示自己不会亏待阿斗，由此形成风俗流传下来。听上去还挺有趣。

也是，又是熏风拂面，熟练试单衣的季节。夏天乐趣可大着呢！

食令：品五色尝三鲜

红了樱桃，绿了芭蕉。立夏，翻开了新的篇章。民以食为天，人们要在食物上翻出新花样迎接夏天的到来。

首先，得做一碗立夏饭。取赤豆、黄豆、黑豆、青豆、绿豆五色豆拌着白粳米煮成的米饭里，成"五色饭"，就是兼具颜值和口感的"立夏饭"。当然，这应该是南方人的立夏餐桌主食。北方人呢？在立夏这天，则有做面食的习俗，做的东西也很有夏之特色，取名"夏饼"。形状也可谓煞费苦心，有状元骑马、观音送子、猴子抱桃，正经的"心机饼"啊！

中国人讲求顺时而作，不时不食。于是，有了立夏尝三鲜之俗。三鲜分地三鲜、树三鲜、水三鲜。地三鲜即蚕豆、苋菜、黄瓜（一说是苋菜、元麦、蚕豆，也有说是苋菜、蚕豆、蒜苗）；树三鲜即樱桃、枇杷、杏子（一说是梅子、杏、樱桃，也有说是梅子、樱桃、香椿头）；水三鲜即海蛳、河豚、鲥鱼（一说是鲥鱼、鲳鱼、黄鱼，也有说是鲥鱼、银鱼、子鲚鱼）。不管依照哪种说法，总之，枝头冒的、地上长的、水里游的，都换了物种，夏日物候正式上线。四季餐桌，正式切换为夏令时，顺应自然，关于夏天的遐想在柴米油

树三鲜

盐间铺陈开来。

出游：寻着丁香花开的"雨巷"

突如其来的雷雨，宣告夏天的到来。再也不是柔和的春之感，转而变得激烈。是夜，蛙叫准时来报到。次日清晨，叶子被雨水冲洗干净，还带着青涩的味道。刚立过夏，温度还没有完全升起来，很容易就反复到春的体感。这样的天气真是舒服，既不冷也不热，还没有蚊虫的骚扰，可以放心大胆地吹风了！

王瓜处处，枝条蔓长，纷纷顺藤而夏。人们总是喜欢将自由与夏天联系起来。

熏风带暑来，丁香立夏开。寻着丁香花开的方向去，便有初夏的样子。"西窗白，纷纷凉月，一院丁香雪。"古人将丁香唤作丁香结，暗寓了几多愁绪与心结，才有了"青鸟不传云外信，丁香空结雨中愁"的诗句。后来，民国才子戴望舒又将着这样的愁绪酝酿得更深沉："撑着油纸伞，独自彷徨在悠长，悠长又寂寥的雨巷，我希望逢着一个丁香一样的结着愁怨的姑娘。"在这样明丽起风的时节，丁香出现了，理所应当成为最具代表性的风物，总觉得，它的基调更应该是欢快的，像夏天一样，充满了生机与热闹。

所以，暂且将春逝的愁绪放一放吧！去吹次山间清爽的风，去邂逅古城温暖的光。你问我：夏天在哪里？在大海的流云与浪花里，在江南就快要熟的青梅里，在风日清朗的村墟里……

随风奔跑，长裙飘飘，哪里都是方向。

雅事：一扇消干暑

连雨不知春去，一晴方觉夏深。

终归是夏天了，炎热之感说来就来。暑热，多多少少是会让人觉得有几分烦闷难消的，趁现在，做几把蒲扇留着盛夏用。

自古以来，扇子和清茶就是中国人过夏的标配。有多少人回忆起"我们小时候的夏天"，总会出现西瓜、蒲扇、拉家常的有爱画面。

扇子作为消暑利器，到底有多厉害呢？班固在《竹扇诗》里，简直将其比作神器："供时有度量，异好有团方。来风堪避暑，静夜致清凉。"一把小小扇子，摇摇晃晃，渐渐昏昏欲睡，不仅送风来，还有催眠之功效呢！据载，秦汉以后，扇子的形制主要有方、圆、六角等形，扇面多采用丝织的绢素；隋唐之后，羽扇与纨扇出现；至宋代，折扇渐渐流行。宋代文人又多，兴起了在折扇上题诗绘画的玩法，于是，一把普通的扇子悄然成为文人雅士彰显风情的随身物。

摇蒲扇

对于文雅之士而言，扇子里藏着他们的"诗和远方"；于普通老百姓而言，扇子就是一个无价宝。在他们看来，蒲扇风大、耐用，自然要比淑女手中的团扇，文人腰间的折扇实用多了。

　　蒲扇也是中国传统工艺品，在我国已有三千年多年的历史。蒲扇取源自棕榈树。连柄砍下，留下一二十厘米的摇柄，留出蒲扇大小的叶面，再将多余的部分剪去，将叶子理顺，放置在重物之下压平展，最后用篾条沿叶边箍起来，一把蒲扇即成。别看蒲扇是典型的"平民文化产物"，铁扇公主的芭蕉扇也是蒲扇的一种哦！时至今日，江浙人仍然称蒲扇为"芭蕉扇"。

　　20 世纪七八十年代后，虽然家家户户开始有了电风扇，再后来又有了空调，但难免会遭遇停电的尴尬。老一辈人还是习惯立夏做蒲扇，以保长夏无忧。对于蒲扇这样的老物件，其实它的纯朴足以打动人，贤惠的中国妇女还擅长"锦上添花"：她们喜欢翻出家里花花绿绿的布条，挑自己喜欢的小样儿给蒲扇加一个花边。如此，家家户户的蒲扇都有了自家的味道，更添了几分可爱。

　　立夏开始，漫长的夏夜里，一把蒲扇，几点蝉鸣，白云香茗，闲话家常，这才叫过夏天。

丁香花，迎风开；挂蛋囊，福（伏）到来；
日初长，草木香；立夏饭，食樱桃；雷雨至，
蛙鸣叫；做蒲扇，长裙飘。

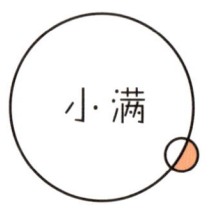

小·满

乡村四月闲人少，才了蚕桑又插田

南风原头吹百草，草木丛深茅舍小。

麦穗初齐稚子娇，桑叶正肥蚕食饱。

老翁但喜岁年熟，馌妇安知时节好。

野棠梨密啼晚莺，海石榴红啭山鸟。

田家此乐知者谁？我独知之归不早。

乞身当及强健时，顾我蹉跎已衰老。

宋代欧阳修的《归田园四时乐春夏二首》(其二)，小麦、桑叶、蚕宝宝、
夜莺、石榴……好一幅热热闹闹的小满农家图。

人生不过，小得盈满

榴花燃初夏天，蚕儿肥谷饱满。

这是夏天的第二个节气，太阳到达黄经 60°，时值农历四月间，公历 5 月 20 日至 22 日。在《月令七十二候集解》中，对于小满的注解是："四月中，小满者，物致于此小得盈满。"

小满是一个蕴含哲理的节气。中国人一直遵循"满招损、谦受益"的人生哲学，所以纵观二十四节气，有小暑、大暑；小寒、大寒；小雪、大雪；却独独只有小满，未有大满。追求大满太奢侈，人生难得是小满。

但这样的处世哲学，其实是从小满应季的农事中总结出来的。"小满"，最实在的本意是指谷稻的籽粒开始灌浆饱满，但还未成熟，只是小满，未得大满。每逢此时，农民们总会期盼"大河涨水小河满"的景象，农谚也特别多。比如"小满不满，干断田坎。""小满不下，黄梅偏少。""小满无雨，芒种无水。"等等。所以，这个时候，雨水就不再客气了。在小满时节后期，我国华南地区时不时还会暴雨成灾，雨水虽益多，但也不求甚。总之，仍然是小满则以，切忌太满！

古时小满有三候：一候苦菜秀，二候靡草死，三候小暑至（后《金史志》改麦秋至）。小满后五日，虽然麦子将熟，但毕竟还未及时，正是青黄不接之时。因而，古人会采野菜充饥，而苦菜就是古人最早食用的野菜之一。再五日，靡草枯死。根据前人分析古籍得出，靡草应是一种喜阴的植物。小满时节，日头渐毒，阳气正盛，已经不适合靡草的生长习性。又五日，时至芒种，便到了收割小麦之时。

"小满赶天，芒种赶刻"，在小满到芒种期间，是分秒必争的时令。因而，这一时期的习俗也大多跟劳作、生产息息相关。传说中的为小满保驾护航的三驾马车可以请出来了！这三驾马车，指的是水车、纺车和油车。小满时节，正值江南早稻追肥、中稻插秧，去垄上走一走，水车正"吱吱悠悠"地转动，田里渐渐满盈，好一个"金小满"就在眼前！油菜籽颗颗饱满，准备收割，油车也准备转动起来，开始制作清香的新鲜菜籽油。而经过几轮桑叶的填喂，江南的蚕宝宝也准备结茧了，养蚕人家要请出纺车，准备缫丝。这一段场景，被《清嘉录》记载了下来："小满乍来，蚕妇煮茧，治车缫丝，昼夜操作。"无论古时还是今日，丝织品都是江南人为之骄傲的代表作，为此，"祈蚕节"才顺应而生。相传小满为蚕神诞辰，为了让娇弱的蚕宝宝能健康地活下来，江南一带的养蚕人会在祈蚕节这天去蚕娘庙、蚕神庙供上酒、水果和菜肴，祈求养蚕有个好收成。

"小满动三车，忙得不知他。"总之，在农耕文明占基调的中国古代，小满就是个忙得四脚朝天的时节。因为有了辛苦的铺陈，才会有来日的丰收。这样看来，小满就是一个种因的节气，先苦后甜，得以小满。

食令：吃过苦菜后觉甜

小满至，苦菜秀。在中国古代，小满一来，一定是要吃苦菜的。苦菜

吃苦菜

到底是一种什么菜？现在的人们已不能确定了。普遍认同的一种说法是，苦菜，又称苦荬菜、苦麻苔，是一种土生土长的乡村野菜。

中国人吃苦菜的历史由来已久，《诗经》中就已有："采苦采苦，首阳之下。"到了明代，李时珍又将其抬上了一个新高度，称"夏三月宜食苦，能益心和血通气也，"并给苦菜另起了一个更好听的名字，叫"天香菜"。虽然从"苦菜"到"天香菜"，这种乡野小菜貌似更"高大上"了，但它始终是一种平民化的食物。

其实，要寻苦菜也不难。它喜长在荒野或者沟渠旁，在田里的杂草里也有它的身影。

至于苦菜怎么吃？苦菜到底苦吗？答案当然是肯定的。但将苦菜过水轻焯晾凉后，加入盐、鸡精、醋、辣椒油、葱蒜等拌匀后食之，就会发现，入口稍有苦味，但慢慢地，就会嚼出来甜味，回味无穷。王宝钏寒窑苦熬十八年吃过苦菜；红军长征两万五也吃过苦菜……酸甜苦辣咸，人生有百味。苦尽方知甘来，至味在人间！

夏天，也是吃果子的好季节。立夏的时候，我们刚尝过了樱桃，待到芒种，就可以吃青梅。那么小满呢？一定要吃枇杷。

五月榴花红似火，小满枇杷半坡黄。枇杷一身都是宝，看上去也是十分惹人爱。集秋天的露气孕蕾，逢冬日的寒霜开花，在来年的春天结籽，小满的时候金黄一粒。因而，有人称枇杷"果中独备四时之气者"。无论多忙，小满的时候，记得吃枇杷。

出游：接地气，原野上

良辰美景奈何天，初夏又逢是小满。地下升腾起来的阳气已经裹不住了。

莺鸣婉转，小满既来，文人雅士终于从春情春困中苏醒，要去田间地头寻一番夏日生气。

"夜莺啼绿柳，皓月醒长空。最爱垄头麦，迎风笑落红。"欧阳修最爱的也是小满时节的垄头麦。

"梅子金黄杏子肥，麦花雪白菜花稀。日长篱落无人过，惟有蜻蜓蛱蝶飞。"如此充满初夏田园诗情的画面，来自范成大的《四时田园杂兴》。

"别院深深夏席清，石榴开遍透帘明。树荫满地日当午，梦觉流莺时一声。"初夏开始，禅意深深，石榴映着帘席，树荫照进梦里。如此惬意的时光，不该是诗人苏舜钦独有，我们也可以效仿啊！

困于钢筋森林中的现代都市人，很难体会到此时此刻、此情此景，迟钝到无法第一时间感知季节的更替，觉察节气变更的微妙。也许，小满真的是一个让我们觉知当下的好时机。

当大地渐渐披上金黄的底色，乡村的初夏便有了蓬勃的生机。苦菜开花，朵朵微黄。这一片黄，不似秋天的苍凉、厚重，在饱满的底蕴中夹着重重的希望。它的背景是就要浓得化不开的绿，更远处，还有粉墨登场、

不断翻腾的靛青……

小满是属于原野的，而你和我，也是属于原野的。阡陌交通，鸡犬相闻，鲜活饱满，热气腾腾。

雅事：窗前听蕉雨，落得半日闲

蕉下小酌

理想的夏日，一定要有山风、有夜雨，有水坑漫过脚面，有云朵飞走晴空，还要有一把团扇带来清风，有一杯清茶驱赶暑热，有一面竹帘被风卷起，更要有一株芭蕉，站在脚跟，听风打雨。

小满来了，带来了暖风，带来了急雨。芭蕉已经苏醒，撑起了初夏的墨绿与禅意。要说初夏最好的时光，便是卧于榻上，听雨打芭蕉。虽说小满是忙碌的节气，但风雨来了，劳作的人便有了闲暇的空档。"偷得浮生半日闲"，便于窗前听蕉雨。

文人多思，于是将此番场景赋予了愁绪："是谁多事种芭蕉，早也潇潇，晚也潇潇"；远方的游子则泛起了浓浓思乡情："一夜不眠孤客耳，主人窗外有芭蕉。"其实，芭蕉叶下的闲适情趣才是小满时节的正确打开方式，正所谓"芭蕉叶上无愁雨，自是多情听断肠。"

于蕉下小酌，立蕉旁观石，看翠鸟打蕉头过……这样的场景，溢满了浓浓的中国风；细细的雨帘下，揉进了多愁善感的思绪。这样的场景又被中国传统文人写进了画面，让今人读以千遍万遍不厌烦。

窗外芭蕉已绿，石榴也红艳似火，不妨剪一枝插瓶。

芭蕉树下，是我们的栖息之地。眼前石榴，寓意着蒸蒸日上的生活。

佛家有言：活在当下。任有几番愁绪，也该随雨打风吹去，人生小满，足矣！

小满天，榴花燃；大河涨，小河满；蚕结茧，稻谷满；枇杷黄，苦菜香；垄上行，山风凉；芭蕉雨，是闲趣。

芒种

乙酉甲申雷雨惊，乘除却贺芒种晴

时雨及芒种，四野皆插秧。

家家麦饭美，处处菱歌长。

当陆放翁的《时雨》里下起了雨，我们也走进了农历五月，公历6月5日至7日间的芒种。芒种，一候螳螂生，二候鹏始鸣，三候反舌无声。小螳螂破壳而出，鹏鸟开始鸣叫，百舌鸟反而静默无声。几乎没有得闲的片刻，农人从小满一直辛勤劳作到芒种，而芒种，大概要算一年中最是忙碌的时节。芒种，忙种，忙着种，也忙着收割。这是种下希望的时节，亦是倍感欣慰的时节。

农家都在地里忙

说话间，夏季已经进入第二个篇章，此时，太阳到达黄经75°，仲夏也正式开启，天气一天热过一天。芒种，从字面上看，"芒"是指麦类等有芒植物的收获；"种"是指谷黍类作物播种的节令。也就是说，我们要继续种稻子，抓紧收麦子。

白居易的《观刈麦》："田家少闲月，五月人倍忙。夜来南风起，小麦覆陇黄。妇姑荷箪食，童稚携壶浆。相随饷田去，丁壮在南冈。"不仅描写了劳动人民身负繁重租税，生活贫苦的场景，也如实给我们描绘了一幅芒种时节麦收农忙的场景。

这是千百年延续下来的劳作时刻表。早在《周礼》就有记载："泽草所生，种之芒种。"东汉郑玄对其进行释义："泽草之所生，其地可种芒种，芒种，稻麦也。"意思是说，芒种时节，麦子成熟，要抓紧收割；水稻则是最后的种植时机，过期不候！你说，芒种忙不忙？

当然，如今的麦田里，机器早已代替了人工农忙。每逢此时，总会有人忆起挥汗如雨的过去，感慨今日的美好生活。科技的发展，为我们分担了很大一部分工作量，但人类精神的索求和寄予的期望，却是现代科技替代不了的。为此，围绕着忙碌的农事而见缝插针进行的习俗，也是有滋有味。

比如，时至今日，我国皖南地区在芒种时节还会进行的安苗祭。这项习俗起源于明初，人们为了祈求秋天的丰收，每逢此时，插完水稻后，家家户户都会用新麦面来蒸发包，样子也捏得极讨巧，五谷六畜、瓜果蔬菜，寓意很明显：五谷丰登、平安顺遂。

贵州东南部一带的侗族青年男女就更好玩了。在芒种节当天，新婚夫妇要在自己的闺密和好友陪同下，来到田间插秧。光插秧肯定没意思了，那顺便打个泥巴仗吧！据说，游戏结束时，身上中泥巴弹最多的人，就是最受欢迎的那一个！

与此同时，沿海的渔民则忙着晒皮虾。肥实的毛虾正值产卵期，富含丰富的营养价值，人们便将芒种期间晒成的虾皮称为"芒种皮"。

总之，汗水洒进黄土，幸福溢满笑脸。愿所有付出都有收获，所有播种都能丰收。

食令：一碗酸梅汤，先尝夏日味

芒种随着仲夏说来就来，稍微泛起的暑意已经偶尔让人感受到苦夏的厉害，那就做一碗酸梅汤，解乏祛暑，健脾开胃，可谓夏日最佳饮品。

芒种饮酸梅汤历史颇久远，自商周开始，流传至今。据宋代《梦粱录》记载，当时茶馆中兼卖以乌梅、砂仁等煎汤代茶的缩脾饮，即似今日的酸梅汤。无论天南地北的中国人都好这一口。到了北京，来一碗老北京酸梅汤；到了江南，要尝一口

酸梅汤

江南味道酸梅汤；最不能忘怀的，依然是大理白族人手工制作的酸梅汤。

白族人流传着一句话："吃杏遭病，吃梅接命。"大理人对于酸梅汤的料是非常讲究的。梅子必须是来自洱源的蝴蝶酸梅干，配以野生山楂、九制陈皮等，还有大理的古法老冰糖，文火细煮，一大家子的夏日饮品就炮制出来了。

酸甜在口，清凉在心。一碗酸梅汤，映出的是远方清亮的水，还有翻腾的云……

酸梅汤好喝，也万万不可贪多。芒种时节，最好泡一壶陈年茶膏，以保夏日无虞。

至于吃食，则倾于清淡，正如药王孙思邈的妙言："常宜轻清甜淡之物，大小麦曲，粳米为佳。"芒种时节，西瓜也开始大量登市，这是夏季最舒心爽口的佳品。草莓、梨子、桑葚也是大家喜闻乐见的芒种季水果。最让人偏生欢喜的则属娇俏玲珑的樱桃，饱满欲滴，和仲夏满眼绿极其相配。

仲夏既来，暑热渐生，唯用心静，造就清静。

出游：乡土有深意，芒种寻碧山

山高田广，阡陌如绣，白墙黑瓦，鳞次栉比。

远山如黛，稻田绿浪，麦香金黄，芒雨微凉。

芒种时节时有大雨，处处是潮湿的感觉，长江中下游地区又进入了梅雨季。"黄梅时节家家雨，青草池塘处处蛙。"天光云意泛上翠微，仲夏湿意沾满稻尖。

芒种，是劳作与收获并存的时节。芒种，是最中国、最乡土的节气。

安徽黟县县城往西北行，沿章水而上至 4 公里，连绵群山即横亘于前。四时农事，要往碧山。黟县碧山村，建于公元 362 年，是徽州古村落之一，共有面积 58.5 平方公里。碧山，有山、有水、有田野，有明清古民居，有祠堂，有文化的积累和滋养。从前，这里是中国人赖以生存的故土；如今，这里是中国现代文人的精神家园。越来越多的人来到碧山，在此盖上了民宿。每一座房屋都坐落在原野上，每一扇窗户推开，都能闻到泥土的芳香。旅人来到这里，骑一辆自行车，在田坎上飞奔。蛙鸣伴随着层层绿色翻滚，深吸一口，是润泽饱满的水汽；傍晚时分，夕阳滑落，开一罐加了皖南陈皮的小麦啤，"噗"的一声，是夏天的气息。

青山绿水在此得以保留，农耕在此永续。所谓"一生痴绝处，无梦到徽州"，碧山的底色，保留着最醇正的乡土中国。

雅事：兴高采烈别花神，知己相对煮青梅

小满过后，芒种在望，日头还不算毒辣，隔三岔五还会受一场狂风暴雨的冲刷。对于花草和虫虫而言，都还算舒服的季节。三角梅抓紧吐艳，毕竟每经过一场暴雨，花朵就不复昨日的光艳。绣球正当时，不过它也并不爱强烈光照，在墙角荫蔽处，露出羞涩的微笑。立夏后，合欢便悄悄盛开，待到芒种时节，它已经繁花似锦了！

都说"生如夏花之绚烂",其实,这大概是一个误解。毕竟,仲夏时节的芒种就该是百花凋零,花神退位了。古时民间,人们在这一天可有一件大雅之事:饯别花神。在古人心中,掌管花开花谢的是传说中的"花仙子",人们敬她为"花神"。她在春天来临的时候下凡到人间,为人间送来万紫千红;芒种过后,暑热复回,花神便要赶回天庭复命。人们为了感激她,便会热热闹闹地举行一场饯别仪式,欢送花神归位,期待来年再相逢。《红楼梦》中大观园里,女孩子们兴高采烈地为花神饯行。虽是饯行,也是值得开心的事情。唯独黛玉顾影自怜,作《葬花吟》垂泪相对。这也从侧面反映明清时期饯别花神的习俗曾非常流行,但现代人基本已经废弃不知。

虽然饯别花神只能从文字或影视剧中看到,但还有一件雅事是我们还在继续的,这就是青梅煮酒。江南的梅子熟了,雨也淅淅沥沥下个不停,湿漉漉、黏糊糊,潮气十足。还好,这连绵不休的雨好像并没有招来大家的烦弃,反而颇受古往今来文人墨客的喜爱,谓之梅雨。"有约不来过夜半,闲敲棋子落灯花。"(宋·赵师秀《约客》)可见,梅雨与闲情同至。

青梅落在盘中,煮一壶酒是今人与古人间的一段默契对话。忆三国,刘备与曹操"随至小亭,已设樽俎:盘置青梅,一樽煮酒。二人对坐,开怀畅饮。"煮酒论英雄,何等快

青梅酒

哉！其实，若论青梅煮酒，这个过程本身就很雅致。当江南的梅子尚且酸涩之时，将其置于黄酒中加热，煮至稍稍变色，用木勺舀一瓢，趁热饮之，青梅的酸涩伴随着酒香溢满屋……一二好友，相谈甚欢。

相遇者众，知遇者寡。如同梅子的青涩和酸甜，芒种的好，细品才知道。

合欢开，芒种来；花神退，稻谷肥；仲夏湿，沾衣襟；江南雨，煮青梅；小麦黄，农事忙；蛙声鸣，乡土情。

夏至

林密知夏深，仰看天离离

登台长早下台迟，移遍胡床无处移。

不是清凉罢挥扇，自缘手倦歇些时。

这是宋代杨万里的《夏至后初暑登连天观》。在这首诗里，浓浓的暑气已经逼近，但只要心静，便不觉炎热的滋扰。所谓夏天要保持凉爽，不是叫我们要如何克服炎夏，而是教我们如何融入自然。

夏至，盛绿，自是有凉意。

天长日久是夏至

夏至，五月节。每年公历的 6 月 20 日至 22 日，日历翻到这一页，太阳运行至黄经 90°。对于身处北半球的我们来说，这一天，是全年白昼最长的一天。对于北回归线及其以北的地区来说，夏至日也是一年中正午太阳高度最高的一天。因为这一天的特殊性，我们聪明的先民采用土圭测日影确定了夏至。土圭是中国最古老的计时仪器，用直立在圆盘上的杆子，通过观察太阳光投射的杆影的移动规律、影的长短以定夏至、冬至日。《周礼·地官·大司徒》言："以土圭之法测土深，正日景（影），以求地中。""地中"乃不东不西不南不北之地。夏至之日，地中的影长应为一尺五寸。

《恪遵宪度抄本》记载："日北至，日长之至，日影短至，故曰夏至。至者，极也。"后来，唐朝诗人韦应物也在《夏至避暑北池》中描述："昼晷已云极，宵漏自此长"。也就是说，白日再长总长不过夏至，自此以后，昼将短，夜渐长。

有道是：天长日久是夏至。

中国古人将夏至分为三候："一候鹿角解；二候蝉始鸣；三候半夏生。"雄鹿的鹿角开始脱落；雄性知了开始鼓翼而鸣；半夏则是一种喜阴的药草，逢盛夏而生。对于现代人而言，最熟悉的莫过于蝉鸣。除此之外，雷雨也来了，大风也来了，白云追着烈日跑，刚还是蝉鸣暑沸，转眼就是电闪雷鸣，骤雨敲窗。东边日出西边雨，道似无情却有情。所有生灵都拥抱着这痛快的雨点，激烈欢畅，这才是夏天，好一个夏天！

从这一天起，孩子们迫不及待地闹着要去戏水；大人们也开始守着冷饮、西瓜不放……而在中国古代，夏至却是一个充满诗意的节气。薄衫透着美人汗，小轩窗外绿意浓，树影横斜光阴长，时有微凉不是风。说到夏至，总会想起美人斜靠在榻上，捧半本闲书，在窗纱的撩抚下打盹儿。裙罗折扇，你说夏至算不算个美人节？更何况，从前的夏至日，本就有妇女们互赠折扇和粉脂的习俗。这粉脂，是为了散因体热所生的浊气，防生痱子之用。

夏至东风摇，麦子水里捞。夏至日，尚有麦子在收割，围绕着农事展开的庆祝丰收、祭祀祖先的习俗展开了。《周礼·春官》载："以夏日至，致地方物魅。"靠天吃饭的旧时，夏至祭神，也是为了祈求清除荒年、饥饿。清代以前，夏至还是个节日，在这一天，全国都是要放假的。时至今日，夏祭已经不再，但有的地方还会举办"过夏麦"的活动，这就是古代"夏祭"活动的遗存。

四季交替，从不停歇。左手接清风，右手接时雨，有趣的盛夏。

食令：夏至面夏至饼，再来一碗七家茶

夏至曾经是我国最为重要的节日之一，皇帝会举行祭祀仪式祈求丰收。"夏至尝黍，端午食粽"就是那个时候兴起的食俗。《吕氏春秋》载，当早黍于农历五月登场时，天子要在夏至时举行尝黍仪式。

阳春面

此时，新麦业已登场，不如做点面食吧！江南人是擅长做汤面的。一碗阳春面，融入了姑苏夏至的雨气，汤味清淡，回味绵长；一碗鱼汤面，混入了鲫鱼与鳝鱼的精华；一碗干拌面，和上胡椒粉，不仅香味扑鼻，还能祛除梅雨季节的潮闷和湿气……江南人吃面，早也吃，晚也吃。这面，劲道又细长，像挂在屋檐下的雨帘。吃掉一根，好像夏天就少了一分，似乎就是在说："吃过夏至面，一天短一线。"

此外，还要烙一张重要的夏至饼。这张饼也是见仁见智，可以依照自己的喜好加青菜、豆腐、腊肉，当然，这算是最传统的做法了。只要愿意，你也可以进行多种创新。

对了，冰淇淋、各种冷饮可以走一个了！不要以为这些只是现代人的专利，古代人也是有他们的专利号的！比如，苏州人的"七家茶"，老北京人的酸梅汤，都是有口皆碑的老字号，一碗传承至今。

除此之外，各种瓜果也到了食令季节。瓜棚下歇凉，一把蒲扇一牙瓜，东家长西家短，夏夜清长，有瓜就香。

出游：童年捕蝉，园林筑梦

若是你身边有潺潺流水，曲径通幽，就注定了灵性围绕，生活奇妙。

——《筑园寻梦》

　　夏季是灵动的，由浅入深，过了夏至，那份美便深入骨髓。夏至是个浓烈的，并且溢满了中国风和禅意的节气。当空气中沾满了潮气，当夏日的光影成了时光中最美的旋律，你顿时觉得，应该要去夏意深深的地方走一走。

　　白居易为夏至作的《和梦得夏至忆苏州呈卢宾客》：

> 忆在苏州日，常谙夏至筵。粽香筒竹嫩，炙脆子鹅鲜。
>
> 水国多台榭，吴风尚管弦。每家皆有酒，无处不过船。
>
> 交印君相次，褰帷我在前。此乡俱老矣，东望共依然。
>
> 洛下麦秋月，江南梅雨天。齐云楼上事，已上十三年。

　　夏至时分，一两清风，二两时雨，不知不觉就到了姑苏。夏风已经吹进了每一处园林，刚还是艳阳当头，转眼就是雨打芭蕉。不知从哪里传来一两段昆曲，此一句"良辰美景奈何天"，彼一句"则为你如花美眷"，浮生若梦，夏荷偶动，梦里不知身是客，生生沉醉在夏至的姑苏。

　　咫尺之间，再造乾坤。美自天成，堪得画理。竹林沙沙，香樟娑娑，光影偶漏，稀疏斑驳。遥想当年园中宾客，铺陈宣纸，煮水烫茶，诗词歌赋，觥筹交错……

　　煮一壶好水，等茶来。这是纪录片《园林》中最美的一个篇章，将镜头对准了世界文化遗产——艺圃。大隐隐于市，或许艺圃就是这样的所在。夏至的荷塘，小荷刚露尖尖角，茶间守着荷塘而立。细雨泛起微澜，打个盹儿的功夫，又是一趟神游。

夏至饼

夏至的姑苏，时不时下起了雨。一碗 28 牙细面下肚，又钻进另一个园子。一切那么安静、从容，似要把你带入一个梦境。可以入画的片段，可以临摹的作品，可以效仿的文人情怀，却再也无法复制和超越的江南艺术人生。

园林有夏意。

"池塘边的榕树上，知了在声声地叫着夏天。"曾经的童年里，知了是夏日最好的玩伴。夏至刚过，蝉便开始迫不及待地鼓鸣，光着脚丫的调皮孩子早已按捺不住，三五秒就爬上了树，两指捏住蝉肚，塞进网袋，一会儿工夫，就是七八只在数。在关于童年的回忆中，这蝉一捕就是整个暑假。所有关于疯野的夏日想象，总少不了这一幕的出现。

没有捕过蝉的夏天到底是不完整的。

雅事：观莲得清凉

江南可采莲，莲叶何田田，鱼戏莲叶间。
鱼戏莲叶东，鱼戏莲叶西，鱼戏莲叶南，鱼戏莲叶北。

读这首汉乐府民歌，一幅清新动人的夏日图铺陈开来。夏至的暴雨打在荷叶上，不一会儿就积满了，沉甸甸的，快要兜不住，"哗啦"一声坠下来。荷叶散开，粉嫩的新荷露出娇俏的身姿，遗世独立，随风曼舞。

风动莲香，鱼翔浅底，一张一弛，一静一动。

夏至观莲，一坐就是一天。

夏季本就是一个禅意的季节，这禅意，头一份的就是莲花。莲花经常出现在佛教经典中，佛教寺院里，常有它的身影。"花开见佛性"，这里的花即指莲花。古代文人极爱莲，赞之"出淤泥而不染，濯清涟而不妖，中通外直，不蔓不枝，"（周敦颐《爱莲说》）意境淡雅而清丽。文人亦爱将莲花入画，得其神，不寻形。尤爱八大山人的自述："湖中新莲与西山宅边古松，皆吾静观而得神者。"

任由几番愁情绪，便消解在这满塘莲叶间。大自然有着极强的安抚能力，到自然中去，聊以安慰人生。

"清凉月，月到天心光明殊皎洁。今唱清凉歌，心地光明一笑呵！清凉风，凉风解愠暑气已无踪。今唱清凉歌，热恼消除万物和！清凉水，清水一渠涤荡诸污秽。今唱清凉歌，身心无垢乐如何！清凉！清凉！无上究竟真常！"耳畔响起弘一法师的《清凉》，虽有暑气缠绕，心里却是一潭澄静。

夏至，有莲，无上清凉。

骤雨急，催夏至；裙罗身，折扇香；一碗面，一口瓜；钻园林，等壶茶；捕夏蝉，是童年；观爱莲，清凉法。

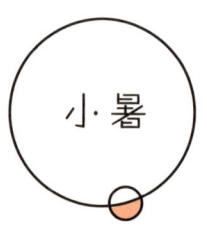

小·暑

石涧寒泉空有梦，冰壶团扇欲无功

倏忽温风至，因循小暑来。

竹喧先觉雨，山暗已闻雷。

户牖深青霭，阶庭长绿苔。

鹰鹯新习学，蟋蟀莫相催。

吟着一首元稹的《小暑六月节》，感受着这风，已经渐渐变为温风。
衣衫越来越单薄，人们摇着扇子端坐院中，感叹着，天热了。

晒书晒被

温风袭来，晒书晒被

这暑气，是从地表开始感知的。每年7月6日至8日，小暑来了，大地便不再有微凉的风。即便有风而来，也是裹挟着重重热浪。南方的人们开始感慨，这夏夜，已经不那么容易退凉，这便是小暑时节的一候：温风至。过了小暑这一天，一日热胜一日又三分。到了二候，蟋蟀便从田野转到庭院墙角来避暑了，如同《诗经·七月》的描述"七月在野，八月在宇，九月在户，十月蟋蟀入我床下。"是谓"蟋蟀居宇。"直至三候，威猛的老鹰也会因为地面气温过高而一跃冲向清凉的高空去，称作"鹰始鸷"。

小暑开始，也意味着正式进入伏天，这三伏分别是初伏、中伏和末伏，一直延续到处暑，这是一年中气温最高也最潮闷的日子。所以民间有言："小暑大暑，上蒸下煮。"

山高十里长，汗水流满膛。热浪翻滚，农人却不敢懈怠：缓解伏旱迫在眉睫，洪涝灾害又说来即来，再加上"头伏萝卜二伏菜，三伏还能种荞麦，"这样的日子也是很忙碌的。农人还在田间劳作着，突然雷声从远方而来，渐渐逼近，转眼就是乌云密布，暴雨淋身。小暑天，换了脸，暴风骤雨说来就来。

　　读书人呢？在这一天也是有习俗可依的。黄梅天刚走，潮味儿已经泛上了书架，似有发霉发黄的迹象。爱书人自然是心疼不已的。赶紧趁着炎炎烈日上线之际，把书、画都翻出来晒晒。这样的习俗，据说还是从玄奘开始兴起的。玄奘取经回到洛阳，正逢6月初小暑时，在渡河时不慎将经书落入河中，捞起后赶紧在大石头上晒干。后来，小暑就逐渐演变为皇帝晒龙袍、僧人晒经书、文人晒书的日子。到了今天，很多的小区还会在这天组织晒被节，街坊四邻们都抱出自家的棉絮、被褥，在小区空地上集中晾晒，蔚为壮观。

> 小暑啜瓜瓢。粗葛衣裳。
> 炎蒸窗牖气初刚。
> 无计遣兹长昼也，茗碗炉香。
> 深院一垂杨。又闹鸣螀。
> 簿书堆案使人忙。
> 何不归与湖水上，做个渔郎。

　　摘自《明词汇编》的这首《前调（野老家）》是我心中向往的小暑。万事可忙，又无事可忙。漫长的苦夏，何不归于湖水上，做个渔郎？

食令：好吃不过饺子

小暑时节的习俗多集中在食俗上，可见，吃，对于小暑而言，何等重要！至于吃什么呢？

首先要做一碗新米。小暑的时候，人们将新稻谷碾成米，做一碗新饭。这饭，不是给自己吃的，而是祭祀五谷大神和祖先的，之后，人们再尝新酒。这算是小暑的仪式感。至于百姓人家吃什么呢？做一大锅饺子吧！

小暑一到，头伏也到。太阳白花花的一片，屋里像个蒸笼，屋外毒日炙烤。天气烦闷，自然没有胃口，人也日渐消瘦、倦怠。胃口不好，可地里还有这么多活儿等着干呢！于是，在过去农耕时代，人们便在头伏做上一碗圆鼓鼓的饺子，权当改善生活。一口饺子一口醋，这入伏的饺子啊，还有非常美好的寓意："元宝藏福"。这大概是因为饺子形似元宝，"伏"与"福"谐音的缘故吧！

如今，生活水平早已今非昔比，人们想在暑天想吃什么都是有的，但还是习惯在头伏来临的时候，做上一碗饺子。至于里面的馅儿，就不再拘泥于韭菜、白菜等传统菜馅，这个时节的时令蔬菜，如黄瓜、西葫芦、茄子等都可以拿来做馅料。一锅沸水翻腾，一个个白胖的饺子跳进热锅里，不一会儿，就翻滚着浮上水面。赶紧趁热捞起，就大葱、就醋、就辣椒，全凭喜好。一口下肚，热汗淌下，一碗果腹，浑身是劲。

好吃不过饺子！作为中国的传统美食，饺子历久弥新，越陈越香。

出游：匡庐奇秀，熬过小暑

暑天一来，我就想躲进山里。

风大、云高，这样的山头很多，倒有一座奇秀山峰更值得一提：这就是庐山。

庐山，中华十大名山之一，位于江西省九江市庐山市境内，东偎婺源、鄱阳湖，南靠滕王阁，西邻京九铁路大通脉，北枕滔滔长江。庐山自古被命名的山峰有 171 座，叠瀑更是闻名古今，诗仙李太白的名句"飞流直下三千尺，疑是银河落九天"就是描绘最著名的三叠泉的。

"范蠡常好之，庐山我心也。"王维的《送张舍人佐江州同薛璩十韵》，也表达了对庐山的偏好。

庐山，雄、奇、险、秀，自成一幅天然的山水画卷。司马迁、陶渊明、谢灵运、李白、白居易、苏轼、王安石、陆游皆在此留下足迹，又将几多溢美之词赋予此山。炎夏，庐山更具清凉。苦夏难熬，这里却只有 20℃左右的宜人气温。春迟、夏短、秋早、冬长，匡庐奇秀，与鸡公山、北戴河、莫干山并称"中国四大避暑胜地"。

凉风送爽，兴云作雨。庐山雨量充沛，还未到山顶，便已是"竹喧先觉雨，山暗已闻雷"。有雨就有雾，萦绕在身边，透彻心扉。飞瀑直下，泉水叮咚，一时间，分不清现实与虚幻。

正如白居易所赞："初到恍然，若别造一世界者。"

有山、有水，有夏天。山水之间，便是中国。

雅事：白云饮香茗 院中一盘棋

夏日，是蝉的舞台。自太阳升起时，到午夜时分，"嘶……嘶……"那声音时而低沉，时而尖锐，伴着强烈的节奏感，在整个夏天包裹着你。

童年的时候，没有空调，没有手机，就连电视也极少见。闲时的午后，总被嘶哑的蝉鸣吵醒，汗水已经浸透枕巾，赶紧起来用凉水洗把脸，搬个小板凳，于树下看大人们下棋。

下棋，是中国历史悠久的传统雅事。棋者，奕也。下棋者，艺也。博弈，不单是一种消遣游戏，更可陶冶情操、抒发情感、活跃思维、提高审美意趣。黑白之间，棋者落落布子，声东击西。这声音，迎合着风刮过树枝的声响，配合雷雨的敲击，令夏日不再那么烦闷。白云饮香茗，院中一盘棋。好似暑气被赶走了大半，时间也轻松地打发掉，苦夏不难熬。

生活在城市里的孩子，已经很少见到从前不可或缺的夏日玩伴——蝈蝈。但是在如今的江浙一带，每到小暑时节，总还是会有贩子挑起蝈蝈儿叫卖。这些可爱的小家伙被养在木条编织的笼子里，孩子们路过，总是忍不住凑上前去，叫嚷着让大人们买几个回家。历来，江南一带就爱养蝈蝈儿。从前，凡卖蝈蝈儿之地，必定是当之无愧的闹市。每个蝈蝈儿卖铜圆五枚至十多枚不等。富贵人家豢养蝈蝈儿也是相当讲究的，把它们养在红木盒子里，上嵌玻璃，下有底，可以方便地投食它们。

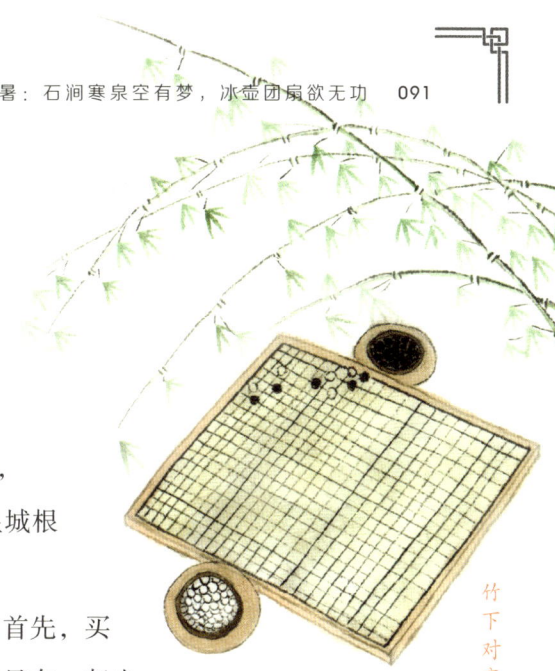

竹下对弈

　　古时，养蝈蝈儿就是一件上至宫廷，下至百姓的雅乐事儿。据说，明朝的皇帝就最爱斗蝈蝈儿，身处皇城根儿下的北京人，更是嗜蝈蝈如命。

　　老北京人买蝈蝈可谓十分讲究，首先，买就得买一双。成双成对不仅吉利，两只在一起也能互相戏耍，更为有趣。其次，要买蝈蝈中的上品，必得是颜色好的，叫声响的，又爱动爱折腾的。买回来后，用一个笼子圈着，挂在门前大树上，成为四合院里最惹人的一道风景。这派头，才叫有范儿呢！

温风袭，小暑至；忙晒书，忙晒被；做新饭，吃伏饺；躲山里，风来了；蝉嘶鸣，把暑叫；斗蝈蝈，下棋好。

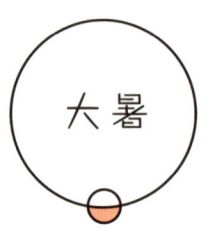

大暑

炎蒸乃如许，那更惜分阴

何以消烦暑，端坐一院中。

眼前无长物，窗下有清风。

散热由心静，凉生为室空。

此时身自保，难更与人同。"

一年中最热的时候终于来了！整日不绝于耳的蝉鸣，裹携在身边的团团热气，莫名烦躁的心绪，都纷拥而至。这个时候，读到白居易的这首《消暑》，心火仿佛被浇灭一半。

遥想几百几千年前，也是这样的伏天。一把扇，一碗茶，一顿淡饭，一家人，围坐在院中大树下，四下有浓荫蔽日，即使是最热的时候，也是

极美的。

整日混迹于钢筋森林的都市人就没那么幸运了。所以他们常常自嘲：
"出门两分钟，流汗两小时。"幸好，凉爽自有心生。

一念骄阳，一念骤雨，开启盛夏魔幻季

每年 7 月 22 日至 24 日，当太阳位于黄经 120°，大暑至。古人云："大暑
乃炎热之极也"。所谓"极"，就是鼎盛了。所以，很多人大概是不喜过大
暑的吧？其实，热到极致，转凉有可期。大暑来了，秋天还远吗？

古人将大暑的三候定义为："一候腐草为萤；二候土润溽暑；三候大
雨时行。""萤"即指萤火虫。古人并不知道萤火虫的来历，所以天真且浪
漫地认为它们是草木腐化后的小精灵。不管怎么，大暑后五日，少男少女
们可以追逐萤火虫了。"轻罗小扇扑流萤"。又五日，"溽暑"上线。何为"溽
暑"，就是指湿热的天气。此时，潮闷感袭来，让人往往觉得透不过气来，
不仅仅是太阳的炙烤带来的炎热感，更让人难受的，就是这个喘不上气的
闷湿。再五日，大雨时行。上一秒还是晴空万里，转眼就是乌云铺天，像
魔幻大片一样。下一秒，电闪雷鸣，豆
大的雨点啪啪啪地砸在窗玻璃上，什
么炎热、闷湿都会被暂时逼退。

大暑这么热，田间忙不忙？大暑时
节，正值三伏里的中伏天，气温很高，农

晒伏姜

作物生长也很快。这个时节的农事主要集中在抗旱防涝上。农家小院里，庄稼人望着毒烈的日头，露出欣慰的笑容，"大暑不暑，五谷不鼓"。没有什么比丰收更值得期待。

大暑时节，人们最喜欢做的三件事：饮伏茶、晒伏姜、烧伏香。伏茶，也就是三伏天的茶。溽暑之时饮茶，可驱除暑、湿之扰。从前，大暑时节的村头，人们会在凉亭里放置茶水，过往的路人可以饮之解乏消暑。这伏茶的滋味，自然是在口在心。小暑刚晒过书，大暑就要晒姜。这一箩筐的生姜，要从大暑一直晒到出伏。尤其是大暑这一天，太阳最毒辣，这一天晒出的姜，可以屯一整年。伏天，一时烈日高挂，一时暴雨倾盆，旱灾、洪涝都时有发生。人们为此虔诚敬上一炷伏香，祈求风调雨顺、五谷丰登。也有说法是，伏香是一种药香，类似艾灸，所谓冬病夏治，这伏香的妙处自是不少。

"大暑热不透，大热在秋后。"所以，让大暑来得更猛烈些吧！

食令：一口面一牙瓜，再一碗伏羊汤

大暑吃什么？你肯定会说：冰淇淋、西瓜、冷饮各来一打，凉粉、凉面、凉皮各来一碗……热气从心口而出，好像只有冷食才可以浇灭一团干火。但从我们老祖宗传下来的养生法则却说，大暑时节是要开始讲究保暖的时候了。因为暑热天正是脾胃虚弱的时候，贪凉可不是好事儿！

先来一碗伏羊汤吧。民间有言："喝上伏羊一碗汤，不用神医开处方。"

夏收

滚烫的羊肉汤漂着香喷喷的葱花，趁热下肚，毛孔瞬间被打开，酣畅淋漓！而伏天的羊没有冬春的滋养，脂肪少，膻味也小，一碗还嫌不够，再来一碗！

吃了肉，干脆再来一碗面。俗话说："头伏饺子二伏面"，伏天吃面，是从三国时期就开始的习俗。古时的人们，选择在"伏日食汤饼"（《魏氏春秋》），这汤饼，就是热汤面。这面，是刚收成的新小麦磨成的，营养丰富。至于这口面怎么吃，且由您自个儿说了算。在北京，就一口老北京炸酱面；在西安，挑一碗油泼辣子面；在四川，有一碗麻辣鲜香的担担面；在广州，首推广式云吞面；在兰州，羊肉拉面、牛肉拉面不要错过了；在武汉，街头巷尾都充斥着热干面的味道；在上海，当然要有一碗葱油拌面……

民以食为天。即便在最滚烫的大暑，也是不变的生活真理。

其实，伏天可吃的时新很多，清朝的顾禄在《清嘉录》中说："街坊叫卖凉粉、鲜果、瓜、藕、芥辣、索粉，皆爽口之物。"而这第一等爽口，当然要数西瓜。三国时，曹丕作："浮甘瓜于清泉，沉朱李于寒水。"意思是，在暑天，要把瓜、李等放置凉水中浸透再吃。古人真会玩。西瓜当然是讨巧的，无论是颜值还是内涵。还说什么呢？吃西瓜去吧！

出游：山寺茂林有清凉

暑气凌人，难免心烦气躁，拖家带口去避暑吧！月有阴晴圆缺，天有雨雪晴毒，现代人所谓的日日是好日，体现的是自己融入到大自然中去的极为尊贵的心境。这一点，古人很早就已经意识到了。

比如，摩诘居士王维就觉得投身竹林深山中，是大暑天最好的出游方式。

> 独坐幽篁里，弹琴复长啸。
>
> 深林人不知，明月来相照。

这只是其一，还有更超然的，是去寺庙避暑。这也是唐朝人最流行的避暑方式之一。一是因为山寺一般海拔较高，修竹茂林，风吹愁绪；二是佛门静地，能让人内心平和。清风拂面，内热自然少了七八分。王维作诗："忽入甘露门，宛然清凉乐。"这袅袅佛音、山谷幽兰、淙淙清泉，自是心静由此生。

效仿古人，大暑去拜访大理苍山半腰的寂照庵。苍山的浓云清晨四五点就醒过来，铺天盖地，翻腾出万种姿态。从苍山脚下，一路经过感通寺，时有凉风袭人，再往上，便是寂照庵。松林涛声阵阵，小松鼠也不怕人，眼前一座没有半炷清香，只有满院花香的"中国最美寺庙。"寂照庵美就美在一路繁花相送，寂就寂在这半山松篁掩映。

林语堂说，"大自然本身就是一个疗养院。它即使不能治愈别的疾病，但至少能治愈人类的自大狂妄。"

"懒摇白羽扇，裸袒青林中。"大暑烦热，携手到大自然中去吧！

雅事：纳凉自有雅趣

远游，可谓避暑；于一室一院中消暑，就叫纳凉。

对于身处盛夏的人来说，纳凉是头等好玩事儿，也是头等雅事儿。

史上最会玩的一对夫妻，沈复和芸娘就是把平常日子过成诗的一对佳偶。当时没有朋友圈，没有微博，沈复便把夫妻二人的日常用笔墨记录下来，就是我们如今读到的《浮生六记》。书中记载了大暑天里，芸娘于窗下煮茶。这茶，取夏月荷花初开时，用小纱囊撮茶叶少许，至于花心，烹天泉水泡之。生活就是很好玩的事儿。正如芸娘所言："布衣菜饭，可乐终身，不必作远游计也。"

那些《红楼梦》大观园的姑娘们呢？宝哥哥在他《夏夜即事》一诗中这样写道：

倦绣佳人幽梦长，金笼鹦鹉唤茶汤。

窗明麝月开宫镜，宝霭檀云品御香。

琥珀杯倾荷露滑，玻璃槛纳柳风凉。

水亭处处齐纨动，帘卷朱楼罢晚妆。

可见，大观园里的姑娘们乐事还是很多的：做女红，品一炷名香，用琥珀杯品美酒……直到夜深，纳凉的姑娘们回房卸去晚妆。

日复一日，夏又复夏。或许，现在的我们也可在这样一个大暑天，燃一炷香，插一支菡萏，盼山雨裹挟凉风而来，迎大雨滂沱，又或聆听雷鸣催雨，别有一番清凉在心头。

扑流萤，度盛夏；溽暑时，饮伏茶；羊肉汤，
二伏面；入深山，浮甘瓜；候雷雨，别愁绪；
暑至极，盼凉意。

秋

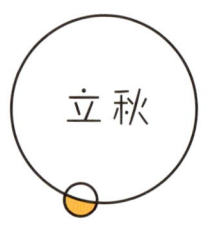

立秋

夏欲尽头秋欲初，小凉未苦爽肌肤

乳鸽啼散玉屏空，

一枕新凉一扇风。

睡起秋声无觅处，

满阶梧桐月明中。

这是宋朝诗人刘翰的《立秋》。在诗人酣睡的梦境中，秋天随着一阵秋风翩然而至。

不知为何，四季之中，吾唯独认为秋天是轻盈的，犹如仙子下凡。秋风乍起，染黄层林，月凉如水，岁月静好。但秋天又实实在在是沉甸甸的，承载着人们对丰收的殷切期望。所以，轻盈的是秋天的风，丰盈的是秋天的大地。

梧桐报秋，瓜田摸秋

立秋，是秋天的奏鸣曲。每年的 8 月 7 日至 9 日，太阳到达黄经135°，暑去凉至，梧桐落叶。一候凉风至：秋天来了，天气开始由热转凉，温风渐渐退场，特别是立秋后的一早一晚，已经是凉风卷进袖底，让人欢喜；二候白露生：一场秋雨一场凉，大地晨起结雾霜；三候寒蝉鸣："寒蝉凄切，对长亭晚，骤雨初歇，"寒蝉总是同文人悲秋的情怀一起出现。其实，寒蝉是蝉的一种，总在夏末秋初时鸣叫。

虽说立秋一日，水冷三分。但实际上，夏秋交替之时，人们对于季节的转换感受却不是那么明晰的。在我国南方地方，立秋后依然天气炎热，甚至还会遭遇"秋老虎"的威胁，因此，从立秋到秋分这段时间，还有"长夏"之说。虽已是立秋，酷暑却不肯善罢甘休，纳凉仍是主题。只是月凉如水，落叶纷飞也是指日可待了！

经过了春生、夏长，终于盼来了秋收时节。秋收的大戏即将拉开大幕，立秋日肯定有几番大动作。最风雅的莫过于宋代。立秋这天，皇宫内有件稀奇事要办：宫人把盆栽的梧桐树移入殿内，正值"立秋"时辰，太史官便高声奏报："秋来了！"随即，梧桐树便会应声落下一二片叶子，寓意报秋。民间的老百姓虽见不到有如此大场面，但妇人和儿童也会将楸叶剪成花样插在鬓角或者佩戴于胸前，是谓"戴楸叶。"这一幕也被记录在了《东京梦华录》里。时至今日，这样的风雅之俗已不得见，但晒秋、贴秋膘这样接地气的习俗还是年年都在重演的。

对于农人而言，立秋这天，可是要把天儿给盯牢了！老辈人说："雷打秋，冬半收。""立秋晴一日，农夫不用力。"可见，立秋是断断不能打雷的，不仅不能打雷，最好还要是个大晴天，这样便是阿弥陀佛，坐等丰收了！即便不是农人，不用操心一亩三分地，也是不宜在这日听闻雷声的。因为老话又说了："立秋打雷，干断河沟"，不然，"秋老虎"可真是逃不掉了！

立秋当晚，朗月星空，秋凉初爽，摸进别人家的瓜田，抱回各种时令鲜果，这样的"偷瓜行动"在立秋当日是被特许的，叫作"摸秋"。熬过苦夏，初尝秋甜，这样的喜悦该要众人分享才够味儿。

绿荫浓重之时，秋风吹开湖水，月亮爬上树梢，洒下一席清凉。此情此景，应是化开了所有情愁，消融了所有琐事杂念，又何来"悲秋"的怅然若失呢？

食令：秋膘贴起来，西瓜啃起来

立秋这一天，对于"吃瓜群众"来说是很有特殊意义的。我国民间素有在立秋这日"啃秋"的习俗，啃的，便是西瓜。关于啃瓜，还有一个关于食瓜治好"痢痢疮"的明朝民间故事。到了清朝，这样的习惯已经约定俗成，被清人张焘记录在《津门杂记·岁时风俗》中："立秋之时食瓜，曰咬秋，可免腹泻。"民国时期，这样的习俗依然延续，《首都志》记载："立秋前一日，食西瓜，谓之啃秋。""啃"去夏之暑气，凉秋就要上线了！

炖大肉

　　立秋这日有一项更熟悉的食俗，即"贴秋膘"。以前，百姓的餐桌并不像如今这么丰盛满足。经过了漫长的苦夏，早已是食不知味。人们不免感慨："要把夏天的亏空都吃回来！"其实，对于顿顿似过年的现代人而言，"贴秋膘"无非就是给嘴馋找了一个颇有历史感的借口。至于吃什么最容易贴膘？当然要数炖肉！切成墩儿的带皮五花肉下锅，加糖变色，下料酒、酱油、葱、姜、大料、盐等，文火慢炖……香味飘出几条街，一点也不夸张！过去，到了这一天，京城的老字号肉铺前会早早地就排起长龙，家里的老少妇孺，都盼着解这一口馋呢！

　　当然，立秋这天的食俗也是有地域之分的。比如，"贴秋膘"就是从老北京流行起来的；天津人则要啃瓜，还要蒸茄脯，做香糯汤；山东人要做一种用豆末和青菜做成的小豆腐，取名为"豆渣"；四川人到了这一天，全家老小各饮一杯，叫作"喝秋水"。立秋的时候，台湾的龙眼大量上市，吃龙眼便成为台湾人立秋最重要的事。

大口吃肉，大碗喝酒。秋天，是忙碌的季节，那就容我们在立秋这日，稍稍放纵一下吧！

出游：篁岭晒秋"最中国"

都说春的妙处在近处，秋天却适合望远。

秋的色彩是有层次的，哪怕是最常见的金黄，也不会是一成不变的。因为春的播撒、夏的耕耘，才迎来了秋的绚烂。

乡土中国，篁岭晒秋。晒秋，既是一种典型的农俗现象，亦是秋天最靓丽的风景线。江西婺源篁岭，地无三尺平，古往今来，生于斯、长于斯的篁岭古村人便利用百里落差的坡面，在房前屋后，支起高高的晒架，摊上圆圆的晒匾，晒出属于秋天的幸福。

这里是很多人心中的"世外桃源"，也是画家、摄影师最钟爱的地方。当晨曦爬上山头，柔和的秋光妩媚动人，打在晒匾上，远远望去，泛着金光。一筐红，一筐黄，交叉摆放，格外喜庆，格外"中国"。红的，是辣椒；黄的，是黄菊、玉米还有南瓜……更有古村人把它们摆成了一个个"喜""福""平安""丰收"。这浓浓的乡情，不仅是一幅诗意的秋景图，更是一幅走心的人文风光。

作为"晒秋"的文化起源地，篁岭被誉为"最美乡村""中国传统村落"；篁岭"晒秋"也入选为"最美中国符号"。

雅事：汲起井华水，七夕陈瓜果

秋高气爽，俯拾金黄。

立秋刚过，暑气不会立时无影无踪，感受秋之气息，就在一早一晚。

立秋的清晨，一位佳人走到井边，双手掬起一捧水。这水已不似盛夏的温热，而变得澄静和清凉。第一捧水洁面，据说可令肌肤润泽；第二捧水，再积存备用。待到挑回家后煮沸饮用，能清火健体。这水，便也有了好听的名字："井华水。"

再过几日，待到月上梢头，星河落池，秋凉进屋，掐指一算，已是七夕佳节。沧浪亭边爱莲居，好一个"睡起秋声无觅处，满街梧叶月明中。"那年七夕，芸娘，这个林语堂也倾心赞许的中国古典文学中最可爱的女人，设香烛瓜果，与夫君沈复祭拜天地，沈复聊表心意，回赠亲自镌刻的两枚图章，上面写着"愿生生世世为夫妇"。

水色温柔，深情缱绻。飞云走过，缠绕秋月。芸娘试探沈复，"世间与共，只此一月，不知如你我一般依偎赏月的人有几何？"沈复回应："纳凉、赏月之人皆不在少数，品评云霞的人也不少，但那些夫妇们，谈论的恐怕不是云霞。"

前人的俗世生活，今人看起来皆是如此至

井华水

情至理，有情有味。"秋侵人影瘦，霜染菊花肥。"经过了春之热闹，夏之幽深，转而迎来秋之静美。沧浪亭尚且可遥望，芸娘却可遇不可求。但那样的田园之趣、清雅之乐，倒是可以效仿。

往事温柔，照进今时之秋。"自古逢秋悲寂寥，我言秋日胜春朝。"但愿不负月色，不负前人。

秋风起，是立秋；盼天晴，是丰收；牵牛花，稻谷香；啃秋瓜，纳秋凉；登高处，观晒秋；学芸娘，共秋凉。

处暑

露蝉声渐咽，秋日景初微

疾风驱急雨，残暑扫除空。

因识炎凉态，都来顷刻中。

纸窗嫌有隙，纨扇笑无功。

儿读秋声赋，令人忆醉翁。

宋人仇远《处暑后风雨》，写尽了处暑节气的天气与生活。

处暑的"处"，字典解为"止""引退"之义；也有人说处暑同"出暑"，都是离开夏天暑热的意思。也就是说，处暑节气的到来，意味气象意义上的秋天即将到来，黄河以北地区气温将逐渐下降。经历夏天漫长煎烤的人们，终于盼来了凉风和阵阵秋雨。

"止暑热"与"秋老虎"

每年 8 月 22 日至 24 日之间，当太阳到达黄经 150°，长夏尾声，我们盼来了渴望已久的处暑节气。由于太阳持续南移，高度继续降低，人们感受到的热力也随之减弱。因此，处暑是直接反映气温变化的一个节气，是气温由炎热向寒凉过渡的转折点。古籍《月令七十二候集解》解释说："处，止也，暑气至此而止矣。"

中国古人这样划分处暑三候："一候鹰乃祭鸟；二候天地始肃；三候禾乃登。"也就是说，鹰意识到了季节变换，开始大量捕猎鸟类，为过冬储备能量；天地之间万物开始凋零，肃杀的秋天同时形成；农作物开始成熟，即将进入收获期。由此可知，处暑时节对于人类和其他动物而言，都将是一个忙碌的丰收季。

处暑期间，我国真正进入秋季的其实只有东北和西北地区，由于冷高压的影响，北方大部的雨季宣告结束，秋高气爽，进入秋天最美的时段。但对于长江中下游地区来说，处暑节气并不意味着完全远离炎热，通常还有著名的"秋老虎"前来作威作福，一直到 10 月以后。"秋老虎"不可小觑，往往造成夏秋连旱，危害极大。但总体而言，我国大部地区仍然在由热转凉，并迎来一场又一场秋风秋雨，所谓"一场秋雨一场寒"，怡人的气温终于又回来了！

食令：吃鸭吃丸吃凉茶

处暑一大早，就往菜市场去，挑一只老鸭回家，炖一锅降燥的老鸭汤。老鸭怎么挑？鸭贩告诉你：毛色长得齐全，嘴壳、脚掌较硬，而且发黄、发黑，准没错。砂锅已经温热，一整只老鸭丢进去，再加入笋干丝、葱白段、切片老火腿、老姜片，最后，倒入黄酒，大火烧开，再盖上砂锅盖儿，文火慢炖 4 小时以上。其间，鸭子肥熟的香味不断溢满屋子，好奇的孩子忍不住要叫大人揭开锅尝尝鲜儿。更美味的，莫不过再加几块老坛酸萝卜。这汤就着米饭，可以连下几大腕。

处暑时节，由于暑热渐退未退，民间传统饮食习俗仍以降暑为主，因而，吃鸭子，吃白丸，以及吃凉茶都是稀松平常事。

处暑吃鸭子的习俗早先主要集中在江浙一带，最抢手的是南京江宁湖熟地区的麻鸭。当地俗话说：处暑送鸭，无病各家。老南京人在处暑这天，通常会去熟食店买半只鸭子回家，全家分享；有的人家还会炖一锅萝卜老鸭煲，或做一盆红烧鸭块，与亲朋邻里分享。杭州人也不例外，他们把鸭子分为老鸭、嫩鸭和呆大鸭，认为老鸭肉瘦，水分少，口感和营养最好，适合拿来煲汤解暑气；而嫩鸭和呆大鸭

老鸭汤

属肉鸭，更适合做成烤鸭、酱鸭等。

吃白丸子，则是福建一带处暑时节的传统习俗。白丸子做法很简单，就是将糯米粉加水揉成团，搓成小粒丸子，煮汤，加糖，类似不包心的小汤圆。这种小吃既可补充碳水化合物，又可以解腻。中医认为糯米有滋阴的功效，非常适合秋季食用。

吃凉茶，其实并非广东人的专利，而是自唐代以来，便已盛行的处暑习俗。凉茶所用药材，由中药店按需配制，拿回家煎水当茶饮用。民间认为，入秋应该吃点"苦"，利于清热、去火、消食等。诸如麦冬、石斛、川贝等，都是常用的凉茶药材，饮用时加入蜂蜜调节口感。凉茶好喝不能贪饮，处暑之后，一日凉甚一日，就不再适宜多喝凉茶了。

出游：处暑开渔节看海去

处暑时节，除了大地上一片丰收繁忙的景象，海面上也进入了渔业收获的时节。每年处暑期间，随着周边海域鱼虾贝类发育成熟，中国东海休渔季结束，一年一度的开渔节隆重举行。人们欢送渔民下海的同时，也意味着越来越多的海鲜即将登上家家户户的餐桌。

我国至今仍有不少地区保留着传统的开渔节，其中最为著名的有象山开渔节、舟山开渔节，以及江川开渔节等。大口饕餮海鲜，就在处暑。除了满足一个吃货的基本要求，开渔节往往还兼有大型文艺晚会、祭海仪式、开船仪式、渔灯展演等，保准让你大开眼界。

　　象山开渔节，又称中国开渔节、石浦开渔节等，是中国十大品牌节庆和最受关注的地方节庆之一。象山位于浙江宁波，地处东海之滨，因县城西北有"形似伏象"的象山而得名，由象山半岛和沿海 600 多个岛礁组成。

　　象山东南渔山洋中，有一座名叫渔山岛的海岛。渔民们在此虔心供奉着他们的海神——如意娘娘。1955 年，渔山岛 487 名渔民随驻岛国民党军队退居台湾，抵台后，因思念家乡，为如意娘娘在海峡彼岸新建了海神庙，祈祷渔家人讨海平安。2015 年开渔节，距离开家乡半个多世纪后，这些居于台湾的渔民代表护送着"如意娘娘"回到象山，礼数齐毕，击鼓鸣钟……秋阳高照，乡愁弥漫，这情、这景，涌入翻滚的浪潮，生生不息。

开渔节

雅事：迎秋去，放河灯

处暑期间，通常与中元节交集，因此处暑雅事多与祭祖、迎秋有关。对于不迷信鬼神之说的现代人来说，中元节的鬼魂当然无关紧要，但趁此机会出门迎秋，或到河边放一盏荷花灯，许个愿，祈个福，倒是不错的活动。

俗话说："七月八月看巧云。"时间流淌进处暑，天上的云彩不再像盛夏时节那样浓厚，而是变得疏散自如。如果结伴郊游赏秋，这样写意的云天，自然是一大看点。有人说，白云苍狗，如同一本随意翻动的书，或一部不断反转的电影，其中有人生，有世事，有感慨，当然有收获。因此，迎秋其实更适合自我放空，更适合融入自然，然后参透。

放河灯，虽然盛行于七月半中元节，但其实这一民俗活源于"曲水流觞"。古人分坐曲水两侧，设宴欢饮，"流水泛酒"，夜以继日，为方便下游接酒的人，便在酒觞旁点一截烛，或一盏小灯，灯酒逐波，那画面，想想都有几分浪漫。

如今，我们仍然可选一个秋高气爽的处暑夜，自制一两盏荷花灯，带上心爱的人，找一处静静的河湾，在水中轻轻放下，目送它随波逐流，默默在心中许个愿，让不好的东西统统随逐波而逝，把生活交给希望和未来。

其实在我们的传统习俗中，有许多类似的活动，有选择性地摒弃其中一些不太适合的内容，保留其中有趣、可爱的部分，如一些老少皆宜的人文小游戏。这些小游戏，作为一个国家或民族的生活经历、文化积累，是值得世代沿袭和传承的。

向日葵，向太阳；放河灯，祈福忙；暑热止，秋风凉；秋老虎，把威扬；老鸭子，煲靓汤；吃白丸，喝凉茶。

白露

旦夕秋风多，衰荷半倾倒

戍鼓断人行，边秋一雁声。

露从今夜白，月是故乡明。

有弟皆分散，无家问死生。

寄书长不达，况乃未休兵。

秋天，是有点多愁善感的季节。在《月夜忆舍弟》里，唐代大诗人杜甫看到夜里悄然而至的白露，想到了故乡的明月，总是比颠沛流离途中所见的月亮更加明亮动人，因为故乡的月光下有自己同样愁绪满怀的亲人。

杜甫的愁绪，古人们早有同感。他们在秋后的某天清晨，惊奇地发现地面草叶和枝头树叶上挂满了晶莹剔透的露珠，同时感受到一丝凉意，沁

人心脾，清澈通透，于是这令人惊喜又略带伤感的秋露，便有了一个充满诗情画意的名称——白露。

多少人对白露的期盼，都凝聚在这一句诗里："露从今夜白，月是故乡明。"

白露来，雁南归

每年9月7日至9日，当太阳到达黄经165°，我们就迎来了秋天的第三个节气"白露"。白露节气的到来，意味着孟秋时节的结束，仲秋时节的开始。由于天气开始转凉，尤其昼夜温差加剧，夜间水汽在地面或近地表面凝结成水珠，这就是我们看到的露水、露珠。按中国古人的阴阳理论，在夏至日到达顶点的阳气此时已逐渐下降，阴气逐渐上升，夜露日益增多增厚。因此，白露也是一个反映自然界气温变化的节气。

《月令七十二候集解》这样定义"白露"："水土湿气凝而为露，秋属金，金色白，白者露之色，而气始寒也。"《礼记》也说："凉风至，白露降，寒蝉鸣。"古人观察到白露节气三候：一候鸿雁来；二候玄鸟归；三候群鸟养羞（馐）。也就是说，到了白露时节，北方的鸿雁来到南方，寻找温暖水域准备过冬；南方的玄鸟从北方回到南方，准备越冬；成群的鸟儿开始储存过冬的食物。

同样，白露时节的人们也变得忙碌起来，一面忙于秋收，一面忙于各种要事。除了稻谷等庄稼收割入仓，还得抓紧时间打枣、收毛豆、采棉，否则随后到来的秋风秋雨会把没来得及采摘的农作物都泡烂在地里。要事娱乐方面，按传统习俗就有祭禹王、斗蟋蟀、玩时鸟等。禹王是传说中的治水英雄，被太湖渔民尊为"水路之神"，每年白露时节都要举行历时一周的祭禹王香会。斗蟋蟀在中国已有上千年的历史，是历史悠久的传统民间活动。古代汉字中，"秋"这个字就是蟋蟀的象形。斗蟋的寿命仅百日左右。每到农历七八月，大人小孩都到草地里抓蟋蟀用以蓄养，然后从白露前后开始参加各种斗蟋蟀比赛，直到重阳节。为了赢得比赛，人们还会参考清朝秦偶僧写的《功虫录》，学习蓄养和比赛方法。

玩时鸟。其实就是养鸟玩儿，各地所养品种不同，比如江南人喜欢养吃稻谷长得肥壮的黄雀，华北人喜欢买梧桐鸟（人称"老西儿"）回家调教，此外还有交嘴、视顶红、燕巧儿等，都适合笼养，且能调教出各种本领。

俗话说："处暑十八盆，白露勿露身。"也就是说，处暑时节还热得每天要用十八盆水洗澡，而到了白露就要凉到不能再赤膊露体了。白露节气后，夏季风逐步被冬季风所代替，冷空气渐渐压倒暖空气，我国各地降温均比较明显，因此，也有"白露秋风夜，一夜凉一夜"的说法。

食令："十样白"与白露米酒

春华秋实，白露时节，到了各种粮食和果实普遍收获的季节，吃货们又可

十样白

以放开肚皮大吃一通了。

白露米酒

福建人的习俗是"白露必吃龙眼"。他们认为，白露这一天吃龙眼有大补身体的奇效，既能益气补脾、养心、安神、润肤美容，还能治疗贫血、失眠和神经衰弱等疾病。而江浙一带，人们则有白露采集"十样白"（一说"三样白"），用以煨乌骨白毛鸡（或鸭）的习俗，所谓"十样白"是指白木槿、白毛苦等十种"白"字开头的中草药，据说这样的鸡汤（或鸭汤）有滋补和祛风的功效。且不说功效到底怎么样，单单是这样的仪式感就让人感知到白露的美好。

白露时节到，且温一壶酒。相比这些民间传统美食，白露米酒应该更有白露特色。若是走到湖南兴宁、三都、蓼江一带，家家户户都会请出一坛好酒招待客人，这是当地的"土酒"，也就是白露米酒。白露米酒中最为有名的是古代贡酒"程酒"，因取程江水酿制而得名。《水经注》《九域志》等典籍对此均有记载。除取水用水讲究外，白露米酒对酿造时机的选择也颇为讲究，其中最好的时节就是白露节气。先用高粱为主的五谷酿制被当地人称为"土烧"的白酒，然后用糯米等酿制糯米糟酒，再按一份白酒、三份糟酒的比例混合，装坛封存，白露米酒就只差时间的酿造了。不过，程酒则还需在此基础上掺入用糁子熬制的糁子水适量，封坛埋藏，数年甚至数十后才取出饮用。上等程酒呈褐红色，挂丝，爽滑，清香扑鼻，后劲十足。江浙一带，白露米酒也相当流行。每逢白露，乡下人家户户酿酒，用以待客。

出游：秋风带露寻好茶

白露节气，秋天还未进入佳境。"白露凋花花不残，凉风吹叶叶初乾。无人解爱萧条境，更绕衰丛一匝看。"在白居易眼里，此时的景象却并不那么好看。

的确，白露时节，菊未开，叶未红，秋天最美的样子还在酝酿中，出去看什么呢？不如去寻点好茶吧。俗话说："春茶苦，夏茶涩，要喝茶，秋白露。"这里的"秋白露"，正是指的秋茶中的"白露茶"。

白露寻茶有两个理由：一方面，经过长夏酷暑，家中存放的春茶多半消耗殆尽，爱茶人需补充库存；另一方面，茶树在春季采摘之后，经过漫长的生长期和自然的酝酿，终于进入白露前后最好的生长期。白露茶既不像春茶那样娇嫩，不经泡，也不像夏茶那样干涩味苦，而是具有了独特甘醇的清香。

宋代大诗人陆游是少数对秋茶感兴趣的资深茶客。他在诗中记述："邻父筑场收早稼，溪姑负笼卖秋茶。"他甚至在出游的路上，"地炉堆兽炽石炭，瓦鼎号蚓煎秋茶"。

秋茶，通常以白露节气为界，在这之前所采的茶称为"早秋茶"，之

后所采的茶称为"晚秋茶",而白露期间所采的茶,就是白露茶。秋茶与春茶最显著的不同,在于味道。春茶略苦带涩,秋茶不涩不苦,仿佛叶叶含白露。明代许次纾在《茶疏》里说:"往日无有于秋日摘茶者,近乃有之。秋七八月重摘一番,谓之早春,其品甚佳。"而同为明人的陈继儒在其名作《小窗幽记》里也将秋茶称为"小春茶","尤喜日光晴暖"。

白露茶中较为有名的是雪山白露茶和福鼎白茶白露茶。雪山白露茶,又名白雪茶、地茶、太白茶,产于云南3000~5000米海拔的雪山、草地上,是一种绿茶,因形似白菊花瓣、洁白如雪而得名。福鼎白茶白露茶,产于白茶原产地福建福鼎，是真正的白茶，性清凉，具有消热降燥、消暑解毒的功效。

　　　　武夷山里谪仙人，采得云岩第一春。
　　　　丹灶烟轻看不变，石泉火味味逾新。
　　　　春风树老旗枪尽，白露芽生粟粒匀。
　　　　欲写微吟报佳惠，枯肠搜尽兴空频。

这首《谢卢石堂惠白露茶》，记录了即便在秋风瑟瑟的白露，武夷茶依然如春茶般美好。于是，趁着秋兴，往武夷山中去。一路清泉相伴，果实飘香，秋阳温暖。白露茶吐香蕴玉，且用刚打上来的山泉水煮沸过之，这一口甘醇沁入心脾，如同一个温润如玉的女子，只想静静地与她、与山水相守。

如此说来，白露是二十四节气中最富有女性气质的节气。秋雨缥缈，白露寒起，泉水叮咚，落叶盖地。秋茶过身，如甘泉缓缓流淌，整个画面都如同诗意画境般美丽。

雅事：“甘露是饮”

现代人可能很难想象，中国先民自古有饮露的传统。早期地理名著《山海经》记载："诸沃之野，摇山之民，甘露是饮。不寿者，八百岁。"也就是说远古那些山民，把甘甜的露水作饮料，即使算不上长寿的，也能活到八百岁。这当然没有科学依据，但至少可以说明"甘露是饮"还是可行的。

著名诗人屈原在《离骚》中也有名句："朝饮木兰之坠露兮，夕餐秋菊之落英。"把木兰上滴下的露水作晨饮，将秋菊落下的花瓣当晚餐。可见，先秦子民仍有人"甘露是饮"，而且诗人认为这是件很"仙"的美事。秦相吕不韦主编的《吕氏春秋》上说，商代名相伊尹推荐的美水美汤里，就有"三危之露"。从现今出土的历代文物中可发现，汉代已有专事收集露水的金铜仙人承露盘，魏晋时也有擎承露盘的铜柱，可见中国古人一直在采集露水。

我们今天效法古人"甘露是饮"，已经很难找到那么文艺的器具了，但收集的方法还是能从古人那里学到：在白露节气到来前一天，把用于收集露水的植物用干净的水冲洗一遍，待夜里空气中的水汽在植物叶上结成白露，清晨太阳出来前，依次小心摇下叶面露珠，用瓷盘承接，装进瓷瓶里，便可长时间保存，不会腐坏变质。

这美美的清露收集起来做什么呢？道家认为这是"无为油"，香甘止渴，治各种热燥之症。中医药名典《本草纲目》认为，如果把露水煎煮，使其变得像糖浆一样黏稠，服之可延年益寿。晋唐以来，民间多用清露来润洗眼睛，并装入绣囊，名为"眼明囊"，或"承露囊"，互相馈赠。还有些地方，用清露和以朱砂或墨汁，点在小孩额头及心窝，以消灾祛病。

也有人说，露水的功效因其附着的植物不同而不同，通常附在草药上的露水更佳，而一些本身有毒的植物上的露水，则千万不要碰。

芦花白，秋露美；品秋茶，雁南归；十样白，
滋秋肺；白露酒，香甜美；白露茶，更好味；
饮甘露，诗意水。

秋分

燕衔余暑去，虫唤嫩寒来

今年秋气早，木落不待黄，
蟋蟀当在宇，遽已近我床。
况我老当逝，且复小彷徉。
岂无一樽酒，亦有书在傍。
饮酒读古书，慨然想黄唐。
耄矣狂未除，谁能药膏肓。

陆游在《秋分后顿凄冷有感》里所述的这种凄冷，可能我们很难感受到，反而觉得，几场秋雨，几番落叶反而有一种缤纷之美。

其实，秋分是一个恰到好处的美好时节，青黄交接，秋高气爽，收获

渐近尾，冬寒还有一段距离，正适合全身心投入，亲近自然，享受生活。

秋易逝，秋更短。珍惜秋天，拥抱秋天！

却道天凉好个秋

时间跑得真快，大地又换上金色的秋装。

每年 9 月 22 日至 24 日，当太阳到达黄经 180°"秋分点"，几乎直射地球赤道，全球绝大部分地区昼夜等长，这就是标志着我们来到了美好的秋分时节。此后，我们所处的北半球各地开始昼短夜长，南半球则反之；更有趣的是，北极附近将进入长达半年的漫漫长夜，迎来持续 6 个月的不灭星空，而南极附近则又与此相反，进入了漫长的白昼。

在二十四节气中，"二分二至"是非常重要的时间节点，秋分就是"二分"之一。旧时将秋季分为孟秋、仲秋、季秋三段，秋分正好属于仲秋，也有平分秋色之意。《春秋繁露·阴阳出入》这样定义秋分："秋分者，阴阳相半也，故昼夜均而寒暑平。"中国古人将这样划分秋分三候："一候雷始收声；二候蛰虫坯户；三候水始涸。"古时候，人们都是用阴阳转换来解释气候的寒暑变化的。他们认为，秋分以后阴气开始旺盛，所以不打雷了；蛰虫陆续进洞，关门闭户准备冬眠；由于降水量减小，枯水期到来。

对于我们来说，秋分是美好宜人的好时节，一年中不可多得。暑热彻底远去，大部分地区的雨季也刚好结束，秋收农忙差不多接近尾声，到处是秋高气爽，碧空万里，风和日丽的景象。形容秋分的词语也是有色、有味、有感：凉风习习、丹桂飘香、菊开蟹肥，有美景可赏，有美食可享，真真是天凉好个秋！

秋风这样的日子，自然会有很多传统民俗，比如祭日仪式、送秋牛、粘雀子嘴、放风筝等。在古代，"二分二至"都是非常重要的节气，早在周朝，就有"春分祭日，夏至祭地，秋分祭月，冬至祭天"的习俗。我们的中秋节其实最早是由秋分的祭月仪式发展而来的。今天北京的日坛、月坛、天坛、地坛就是明清时期帝王们举行祭祀的场所。

民间在这天一也会有各种祭祀活动。北京人会焚香拜月，吃画有月宫玉兔的月饼，而江浙一带则会家家户户插兰花、点香烛，让家中孩子们对月膜拜祈福。秋分一到，有"秋官"上门，挨家挨户"说秋"，送"秋牛图"。"说秋"是一种类似民间曲艺的活动。说秋人都是一些民间说唱艺人，每到秋分时节就上门唱些与丰收有关的吉祥话，讨个吉祥，图个喜庆；而乡村农家会在这一天设秋社，祭祀土地神，这也是乡村宗族的一次大型集会，大家一起喝酒、游戏。除此之外，家家还会吃汤圆，并用细竹叉一串煮熟的汤圆支在田边地头，希望以此粘住雀子嘴，免得它们破坏庄稼；至于孩子们，更乐意的还是跟大人一起，趁秋风正好，到户外放起各种各样的风筝，这也是秋分时节的一大民俗活动。也正是这些秋分习俗的影响，我国自 2018 年开始将这一天设为"中国农民丰收节"。

俗话说："一场秋雨一场寒。"秋分以后，由于阳光照射时间越来越少，地面散热多，气温下降迅速，东北地区甚至可能下霜，南方地区则往往秋雨绵绵，而在西北高原，甚至可能见到初雪。因此，秋分时节的秋收、秋耕和秋种都会受到这种复杂多变的天气影响，抢晴收晒，预防湿害，农人不得闲呐！

秋色，最是富有历史的底色。秋分是中秋，桂飘香，冷清秋，天地平和，家人常乐。

食令：吃秋菜，烹肥蟹

秋季是丰收的季节，时至秋分，更是吃货们最幸福的时光。除了国庆、中秋等节假日的饕餮大餐，这个时节还有许多传统应季美食，值得我们好好品味。

秋分同春分一样，有的习俗是相对应的，比如立蛋的游戏和吃蛋的习俗，玩法和吃法也并无二致。真正有秋分特色的习俗和美食，应该是吃螃蟹。

秋风到，肥蟹上市，蟹黄蟹膏已是藏不住的一层层的金黄。无肥蟹，不中秋！

俗话说："秋分食蟹忙。"因为秋分时节，是蟹肉最为肥美，也是最有营养的时候。我国是产蟹大国，种类多达600种，分淡水和海水两大类。常言道，吃蟹一定要在蟹肥、蟹熟的季节，否则食之无味。秋分吃的正是最有名的淡水蟹——大闸蟹，俗称河蟹、毛蟹，或清水蟹，最著名的莫过于阳澄湖大闸蟹。

吃蟹，不仅是秋天的饕餮盛宴，更是一桩雅兴之事。中国人吃蟹历史已久，盛产肥蟹的江南更是在吃蟹这件事上可劲儿的"作"。饮酒、赋诗、赏菊，这些是古代文人为吃蟹选定的"必备套餐"；而蟹八件，则是进阶版演绎。所谓八件家伙什，即锤、镦、钳、铲、匙、叉、刮、针。瞧这派头！装备齐全，请上蟹吧！

吃蟹是文化，可谓相当讲究，从选蟹开始就是门技术活儿。选蟹有"五看"：一看蟹壳，肉厚壮实的蟹背壳一定要是黑绿色的，有亮光；二看肚脐，膏脂肥满的蟹肚脐一定凸出明显；三看螯足，老而健壮的蟹螯足上一定绒毛丛生；四看活力，张牙舞爪的蟹才是上等好蟹；五看公母，通常在农历九月挑母蟹吃黄，十月选公蟹吃膏。母蟹肚脐为圆形，下面有三层就是黄满油多的上品，公蟹肚脐为三角形，上方两块发黄就说明是有膏的好货。

对于初学者而言，不妨参考一下《红楼梦》。且看《红楼梦》第 37 至 39 回，众人齐聚藕香榭赏菊、开螃蟹宴。

蟹要趁热吃。凤姐儿说了："螃蟹不可多拿来，仍旧放在蒸笼里，拿十个来，吃了再拿。"因为，凉蟹不可食，有毒！

正式开吃了！姜、醋、温热酒，一样不能少。宝钗作的《螃蟹咏》里可看出端倪："酒未敌腥还用菊，性防积冷定须姜。"螃蟹生性寒凉，姜、酒可暖胃，醋可杀菌。

蟹极其肥美，可并非每个部位都能吃。《红楼梦》众人打闹间，贾母笑道："你们看他可怜见的，把那小腿子脐子给他点子吃也就完了。"鸳鸯等笑着答应了，高声道："这满桌子的腿子，二奶奶只管吃就是了。"蟹黄、蟹肉，自然

吃肥蟹

故都的秋

是精华，但蟹胃、蟹心、蟹腮、蟹肠是断断不可食的。

蟹虽是上等美货，却不能贪多。像林妹妹这样身体虚寒之人，更是不宜沾染。

除了吃蟹，还有吃秋菜这等事。在岭南地区，与"春分吃春菜"相对应，那里的人们也流行"秋分吃秋菜"的习俗。这里所说的"秋菜"，也是一种野苋菜，人称"秋碧蒿"。虽然算不得什么了不起的美味，却带着浓浓的山野气息，能让人品尝到自然本身的味道。

出游：每个人心里藏着一个"故都的秋"

秋天，是一年中最适合出游的季节，而秋分时节更是黄金时段。与春季踏青相对应，秋分踏秋也是必不可少的传统习俗。在秋忙时节，忙里偷闲，带上丰收的喜悦，吹着凉爽的秋风，登高踏秋，的确是再美不过的人生享受。

秋天的旅行，当然要到秋天中去。郁达夫一篇《故都的秋》娓娓道来，"秋天，无论在什么地方的秋天，总是好的；可是啊，北国的秋，却特别地来得清，来得静，来得悲凉。我的不远千里，要从杭州赶上青岛，更要从青岛赶上北平来的理由，也不过想饱尝一这'秋'，这故都的秋味。"

秋分叶黄时，北京就是全天下最可爱的地方。那爿红墙绿瓦，那满城的秋色，厚重有力，饱满生动。

冰心在《北平之恋》里也写了她对北京秋日的钟爱：

"秋天在北平是最适宜于游人享乐的季节，没有风，没有雨，太阳整天暖融融地照着；苍穹是那么高，那么澄清；浅灰的云，追逐着雪白的云，有时像在缓缓地散步，有时又像在相互拥抱。中午的太阳虽然也会晒得少女的脸上，泛起两朵红霞；一到傍晚，一阵阵凉风吹来，使你感到又舒服，又有点微寒。

漪澜堂和五龙亭以及沿着北海边的茶座，一到晚饭后，游客便坐满了。他们有的陪着女友；有的带着全家大小，有的邀集二三知己，安静地坐着，慢慢地喝着龙井香片，吃着北平特有的点心豌豆糕，蜜枣，或者油炸花生；他们的态度是那么清闲，心境是那么宁静……"

秋游，可以是壮游，也可以是闲情。不管哪一种吧，总有这样的情怀：江山风月，本无常住，闲者，便是主人。

雅事：中秋祭月，感知秋分意境

秋分时节，有中国传统最重要的节日之一的中秋节，就是由古老的"秋祭月"仪式演化而来的。人们现在在中秋节仍然会吃的月饼，最初则是这个仪式上的一种祭品。

据史籍记载，明世宗在京城修建夕月坛，专供天子秋分祭祀月神，这就是今天北京月坛公园的由来。自宋代起，秋祭月仪式在民间有了贴近生活的内容：男人向月神祈求功名利禄，女人则希望月神赐予美貌。宋人金盈之《醉翁谈录》记载："中秋，京师赏月之会，异于他郡。倾城人家子女，不以贫富，自能行至十二三，皆以成人之服饰之。登楼，或于中庭拜月，

祭秋月

各有所期：男则愿早步蟾官，高攀仙桂……女则愿貌似嫦娥，颜如皓月。"可见，中秋祭月在那时已是牵动人心的盛事。

到明清，中秋祭月在民间已经形成了一套相对固定的祭拜仪式。因为月代表阴，故也有了"男不祭月"的规定，主祭通常由家中女性长者担任。明代刘侗、于奕正在《帝京景物略》记述了当时的祭月仪式："八月十五祭月，其祭果饼必圆；分瓜必牙错瓣刻之，如莲花。纸肆市月光纸，绘满月像，跌坐莲花者，月光遍照菩萨也。华下月轮桂殿，有兔杵而人立，捣药臼中。纸小者三寸，大者丈，致工者金碧缤纷。家设月光位于月所出方，向月而拜，则焚月光纸，撤所供，散之家人必遍。月饼月果，戚属馈相报，饼有径二尺者。"

现在中秋佳节，一家人月下团娈，欢宴之余，虽然不必像古人那样正儿八经祭拜一番月神，但或谈心，或读书，或写写画画，却是极温馨雅致的古典中秋画面，也是秋分时节应有的意境和氛围。

枇杷花，谷入仓；秋意高，天气凉；昼夜均，天地爽；吃秋菜，迎秋忙；烹肥蟹，品膏黄；踏秋去，五彩冈；秋祭月，饼飘香。

寒露

耐寒唯有东篱菊，金粟初开晓更清

袅袅凉风动，凄凄寒露零。

兰衰花始白，荷破叶犹青。

独立栖沙鹤，双飞照水萤。

若为寥落境，仍值酒初醒。

白居易的《池上》描写的是一幅秋风萧瑟的晚秋景象。风凉露寒，花败叶蓑，隐隐的，似乎可以听见冬的脚步声。

寒露上承秋分，下启霜降，是凉寒转换的一个节气，也是一个水气由露结霜的过程。在大地悄然改变的同时，星空也在夜晚悄然更替，曾经代表盛夏的"大火星"已然西沉。

秋凉至，忙添衣

每年 10 月 7 日至 9 日，太阳到达黄经 195°，我们迎来秋季的倒数第二个节气——寒露，这也代表进入秋凉时节。

寒露，寒露，光听名字，似有透心凉的感觉。

《月令七十二候集解》对寒露的定义为："九月节，露气寒冷，将凝结也。"就气候变化而言，寒露期间气温比白露更低，地面露水逐渐变冷，冷到快要凝结成霜的程度。寒露节气被划分为三候：一候鸿雁来宾；二候雀入大水为蛤；三候菊有黄华。也就是说，大雁南归，以仲秋时节先到的为主，季秋后到的为客。黄雀一类小鸟悄然不见了。古人发现海边有很多像小鸟的蛤壳，误以为是小鸟们应天气转冷变成蛤了。寒露时节正是菊花盛开的旺季。

"吃了寒露饭，单衣汉少见。"寒露风乍起，劝君快添衣。寒露时节，我国大部分地区正式入秋，而东北则进入了深秋，西北地区更是快步入冬，华南普遍气温不到 20℃，西北普遍低于 10℃。随着寒露增多，气温还会逐渐降低，海南、西南地区通常秋雨连绵，其他部分地区会迎来霜冻。

"寒露时节人人忙，种麦、摘花、打豆场。"天气由凉转寒，农人们开始了新一轮的忙碌。正值晚稻抽穗灌浆的关键期，要加强田间管理，浅水勤灌；而北方玉米丰收，冬小麦播种，都是让人忙中带乐的大事。

秋已深，露已寒，在抓紧时间享受金秋的同时，我们也必须做好面对严寒的准备。

食令：菊花美酒吃花糕

"金秋之时，燥气当令。"根据中国古人的"五行"理论，秋属金，而肺也属金，因此金秋与肺气相对应，在金秋时节，应该好好补一补被燥邪之气侵扰的肺。古人总结的经验是："秋之燥，宜食麻以润燥。"也就是说，寒露时节，我们应该多吃些芝麻、糯米、粳米、蜂蜜、乳制品等柔润食物，同时食用禽、畜、鱼等肉类增强体质，少吃辣椒、姜、蒜等辛辣食物，才能顺应自然。

由于寒露时节包含我国传统重阳节，加之菊花当季，因此有饮菊花酒、吃重阳糕（又称"花糕"）的传统。

屈原《离骚》里有名句："夕餐秋菊之落英。"可见，中国古人食用菊花的习俗由来已久，菊花也被称为"延寿客"，是有名的长寿之花。晋人葛洪在其修身名著《抱朴子》里，也记录了河南南阳山中，有人家因长期饮用遍生菊花的甘谷水而延年益寿的故事。至于菊花酒，更被古人视为重阳必饮，是有祛灾祈福功能的"吉祥酒"。陶渊明有句："酒能祛百虑，菊解制颓龄。"大意也是说，酒能驱除种种忧虑，而菊花能延缓衰老。明代医学家李时珍在《本草纲目》里也有类似的论断：菊花有"治头风、明耳目、去痿痹、治百病"等功效。

可以祛病延寿的菊花，早在汉魏时期就被

菊花酒

流行拿来制酒。《西京杂记》记载："菊花舒时，并采茎叶，杂黍为酿之，至来年九月九日始熟，就饮焉，故谓之菊花酒。"即待菊花开得舒展的时候，和茎叶一起采收，与黍谷等杂粮一起酿酒，直到来年重阳才算酿熟，才能拿来饮用，被称为菊花酒。现代人制作菊花酒，已没有那样的耐性，通常将甘菊花，配以枸杞、当归、生地黄等煎汁，过滤，混入糯米醪糟中，装坛，密封发酵，等到有甜味就可饮用。不得不说，菊，就是应寒露而生。

重阳糕，因为"糕"与"高"同音，因此与重阳节登高的习俗密不可分，同时也为庆祝秋粮丰收，喜尝新米。汉代《西京杂记》关于九九重阳节，就有"食蓬饵"的记述，"蓬饵"就是当时的重阳糕；而"饵"作为古代糕点，相关记录更为久远，如《周礼》就在各种祭祀或宴会上提到这种食品。时值农历九月，也是桂花飘香的时节，制作重阳糕必不可少的原料之一当然是桂花，因此也称桂花糕，或花糕，颜色上通常五色，美观而随意。据说讲究的糕点要做成九层宝塔状（对应"九月九"），上面还要点缀两只小羊（寓意"重阳"），有的还要在重阳糕上插一面小纸旗，代表佩

吃花糕

戴茱萸的传统。如此煞费心思的一道美食，光是外形，已属艺术珍品了。

出游："满城尽带黄金甲"

论出镜频率，菊花绝对算得上中国古代诗词的"网红款"。由于生逢其时，它所要扮演的通常是品性孤高的隐士，傲霜抗寒的斗士，以及饮酒作乐时的路人甲。

"秋丛绕舍似陶家，遍绕篱边日渐斜。不是花中偏爱菊，此花开尽更无花。"（唐·元稹《菊花》）

"一夜新霜著瓦轻，芭蕉新折败荷倾。耐寒唯有东篱菊，金粟初开晓更清。"（唐·白居易《咏菊》）

"寒花开已尽，菊蕊独盈枝。旧摘人频异，轻香酒暂随。地偏初衣夹，山拥更登危。万国皆戎马，酣歌泪欲垂。"（唐·杜甫《云安九日郑十八携酒陪诸公宴》）

菊花虽好，却也短暂。因此，同爱菊花的你，应该趁寒露时节，抓紧赏菊。

作为七朝古都，开封种菊的历史源远流长，有记载的历史就可追溯到1600多年前。从 20 世纪 80 年代起，开封每年都举办菊花会，满城都是菊花香，品类达数千种之多，既有历代传下来的名贵品种，还有精心培育出来的新奇品种，如洞庭秋色、黄山云雾、西湖柳月、葵花向阳、贵妃醉酒、嫦娥奔月、桃李争春等，仅听名字，就已满眼诗情画意。满城尽带黄金甲，家家都在赏菊花，这是开封人延续千年的传统。

浙江桐乡的杭白菊，种植历史已有300多年，在明代就被杭州府列为贡品，盛产著名的"杭白贡菊"。每到盛花期，桐乡的乡间野外，白菊似雪，银浪滚滚，花瓣如玉，花蕊似金，被誉为"百花地面"。

而最接地气的赏菊乐事，还是要看北京人怎么玩。养菊花、赏菊花，是北京自古以来的传统习俗。老北京人把菊花称为"九花"，每到深秋菊花上市，街上总能听到叫卖声，几乎每家每户都会买上几盆。遇到节气，还邀亲朋好友一起在家赏菊。现在北京各大公园每年也都有各种菊展，其中数北海公园规模最大，人气最旺，主题造型最为丰富可观。菊花，这款从古诗里款款走来的君子，与古都恢宏大气相得益彰，这才叫般配呢！

雅事：重阳登高辞青

农历九月，秋高气爽；寒露节气，更逢重阳，"每逢佳节倍思亲"，登高远望，辟邪祈福，是中国古人一年一度的盛事。

与春来踏青相对应，秋来"辞青"也是老少皆宜的雅事一桩。清人潘荣陛在《帝京岁时纪胜》记载："都人结伴呼从，于西山一带看红叶，或於汤泉坐汤，谓菊花水可以却疾。又有治肴携酌，於各门郊外痛饮终日，谓之辞青。"辞青最好的日子，当然是重阳节。

重阳节是历来倍受世人喜爱的传统节日，据考证，始于远古，成于春秋，普及于西汉，在唐以后就已非常盛行。屈原在《远游》里有句："集重阳入帝宫兮，造旬始而观清都。"可见"重阳"在战国时已被文人重视。晋代陶渊明《九日闲居》诗序："余闲居，爱重九之名。秋菊盈园，而持醪靡由，空服九华，寄怀于言。"文人在重阳节赏花饮酒作诗，因此也早已成为传统。而到了唐代，重阳节成为法定节假日，以重阳之名的吃喝玩乐、诗文歌赋就更是不胜枚举，其中最为著名的莫过于王维的《九月九日忆山东兄弟》："独在异乡为异客，每逢佳节倍思亲。遥知兄弟登高处，遍插茱萸少一人。"

寒露既来，重阳佳节，怀揣乡愁，打包思念，登高望远，饮菊花酒，吃重阳糕，佩红茱萸，看青黄交接，草木荣枯，春去秋来，让情思与天地之气合而为一，在弥漫中消解，在消解中新生，正是天地自然之道。

如果说，踏青是迎接新生，登高、辞青就是告别过去，给自己个总结的机会，一次新生的思考，以及升华、转型的可能。

菊花黄，枫叶红；秋虫响，秋意浓；寒露来，忙收种，采黄菊，酒香浓；登高远，思亲朋；谓辞青，迎寒冬。

霜降

千林扫作一番黄，只有芙蓉独自芳

> 月落乌啼霜满天，
> 江枫渔火对愁眠。
> 姑苏城外寒山寺，
> 夜半钟声到客船。

唐代诗人张继的《枫桥夜泊》，是我们从小耳熟能详的名诗。诗中所描绘的景致，便是美丽的霜降时节。

白露为霜，草枯叶落，人们眼里的霜降因此通常走向两个极端，张继看到了它的美好，而更多的人，则看到了它另外的一面：如徐寅"怅惘与霜同降日，频繁思荐独凄然"；又如元稹"霜降三旬后，蓂馀一叶秋"。的

确，霜降节气的到来，意味着本已萧瑟的秋天即将结束，寒冷的冬天即将到来。霜，因此被视为雪的前奏。

枯叶霜花，由秋到冬

每年 10 月 23 日前后，太阳到达黄经 210°，标志着霜降节气正式到来。作为秋季的最后一个节气，也是从秋到冬的过渡节气，气温骤降，甚至到 0℃以下。空气中的水蒸气凝结成霜花，附着在地面或植物上。霜花虽然细微如针毫，却也有着雪花一样的六角形，且结构疏松，让人颇生怜爱之情。《月令七十二候集解》对此也有记录："九月中，气肃而凝，露结为霜矣。"

中国古人这样划分霜降三候："一候豺乃祭兽；二候草木黄落；三候蜇虫咸俯。"霜降后五日，豺狼出动，捕猎过冬，它们把猎物储备在一起，看上去像在祭天，感谢大自然的恩赐；再五日，大地上草木枯黄，落叶纷纷；又五日，蜇虫都钻进洞里，不吃不动，进入冬眠。

在气象学上，通常把秋季降下的第一次霜称作"早霜"或"初霜"。初霜也叫"菊花霜"，因为经过霜降的秋菊才会真正盛放。而这仅仅只是开始。霜降作为自然现象会长期存在，真到来年春天最后一次降下"晚霜"或"终霜"。终霜到初霜之间的时间段，就是通常所说的"无霜期"。

通过观察，聪明的古人们早就发现，霜只会在晴朗的天气形成，而且有"浓霜猛太阳"的俗语。诗人们则把这一物理现象翻译成了优美的诗句，如宋人吕本中有"驿内侵斜月，溪桥度晚霜"的诗句，陆游也有"枯草霜花白，寒窗月新影"。在继续深入探索晴天和霜降的关系之后，人们还得出了"一朝有霜晴不久，三朝有霜天晴久"的结论。这些观察和经验，对于霜降期间的农作非常有帮助。

准确地讲，"霜降始霜"只是黄河流域气候特征的反映。对于幅员辽阔的中国来说，仅就全年霜降日而言，青藏高原部分地区多达 200 天以上，连夏季都不例外，是我国霜降日最多的地方；而福建及两广沿海地区甚至不到 1 天；至于云南西双版纳、海南和台湾南部等热带地区的人们，根本没有机会见到"霜"为何物。

霜花虽美，有时候却是一朵"有毒的花"。对于有霜降的地区，初霜来得越早对农作物危害越大，因为当人的肉眼都能看到霜的时候，地下的霜冻通常已经发生，所谓"霜降杀百草"，风霜往往会扼杀植物的生机。因此，农人们一方面要利用霜降冻杀害虫，另一方面还须预防冻伤作物本身。

食令：吃柿子，宜忘忧

霜降已深秋，除了远山的枫树、黄栌，近处着实有点萧索了。不曾远游的三两天，人们对霜降最深的期待就是柿子挂满树。

柿子的样子的确招人爱。从青涩的青绿，一层层被秋霜染黄，再到专属于它的柿红。这饱和的色彩，是金秋最好的诠释，也寄予了人们总想留住金秋的美好愿景。

在四川话中，有句话叫"柿子要捡粑的捏。"意思就是，柿子一定要等到软乎乎的才最好吃。寒露始熟，霜降才吃。为了等它的到来，也是熬过了整个春夏秋。古人有言，"秋去冬来万物休，唯有柿树挂灯笼。欲问谁家怎不摘，等到风霜甜不溜。"说的也是这个理儿。

所以霜降时节，柿子自然成为人们最期待的美味。民间甚至有言：霜降吃柿子，不会流鼻涕。大概是人们为了大快朵颐找的小借口吧！

不过，霜降吃柿子却是由来已久的食俗，据说还和明太祖朱元璋有关。朱元璋小时候家中贫困，经常吃不饱饭。有一年霜降，两天没吃饭的他两眼发黑，突然在村庄口见到一棵柿子树，挂满了成熟的柿子。朱元璋大吃了一顿，得以活命。后来，他做了皇帝，有一年带兵路过此地，又见此树，便大封其为"凌霜侯"。这个故事被民间广为流传，久而久之演变为霜降吃柿子的习俗。

虽然不知道吃过柿子不流鼻涕之说到底是不是真的？但柿子确有清热润肺，祛痰镇咳的功效，是非常适合秋天吃的水果。吃不完的新鲜柿子，还可以做成柿饼，是老少咸宜的休闲零食。

在中国话里，"柿""事"同音。因而，任何烦忧都且放下，祝你"柿柿如意"！

吃柿饼

另外，除了吃柿子，民间还有"补冬不如补霜降"的说法。霜降之后，为了抵御日益寒冷的天气，人们认为"秋补"比"冬补"更为重要，因此在"补重阳"之后，就要"补霜降"。为此，民间开发出了"煲羊肉""煲羊头""迎霜兔肉"

等，用以对抗秋冬时节高发的"头风"等疾病。

出游：看"层林尽染，万山红遍"

按照中国古代的传统，为了顺应秋天的严寒肃杀，霜降之月，都要举行祭旗仪式，并操练战阵，有的王朝天子还会率队进行围猎。《春秋感精符》载："季秋霜始降，鹰隼击，王者顺天行诛，以成肃杀之威。"著名农学专著《齐民要术》，还将操练比武列为农家农历九月事宜，"缮五兵，习战射，以备寒冻穷厄之寇"。而在民间，也有霜降节气祛凶、扫墓等习俗以祈求风调雨顺，幸福安康。比如，山东烟台的一些地方，霜降这天要去西郊迎霜，广东高明在霜降时节，人们会用瓦片堆砌成河内塔，在塔里烧火，火越旺越好，直至瓦片烧红，再将河内塔内塔推倒，用烧红的瓦片热芋头，这在当地叫"打芋煲"，最后把瓦片丢到村外，这就是"送芋鬼"。人们以这样的方式辟凶迎祥。

对于现代中国人的节气生活，这些习俗已然成为过去，但秋深霜降时，赶在严冬来临前出去走走的习俗却一直保留了下来。唐朝大诗人杜牧深谙其中道理，因此有《山行》传世："远上寒山石径斜，白云深处有人家。停车坐爱枫林晚，霜叶红于二月花。"的确，这是一个赏霜叶的好季节。

在地大物博、气候多样的中国，霜叶不限于红枫，所有深秋时节变成黄色或红色的彩林秋叶，都值得观赏。比如四川阿坝州米亚罗，雪山与红叶，构成"冰与火之歌"，壮美又独特；或者去长沙赏岳麓山的红枫，在岳麓书院的熏陶下，别有一番书卷气。赏枫佳处还少不了三峡红叶，高峡出平湖，红叶染秋江。船行巫峡，峡江两岸，奇峰崛起，层林尽染……

若是想要寻"火柿枝头闹"的景象，一定要去杭州人最爱的西溪。这里有百年柿龄的老柿树 4500 多棵。寒露过后，直至霜降，一叶扁舟入西溪，秋水已凉，秋风乍起，不免打了一个寒颤。千回百转，抬头却看到火柿已经挂得满树招摇，顿时心头一热。秋之肃穆，也显热闹。

雅事：让芙蓉精神入诗入画

霜降时节，赏花取乐。无甚可求，唯荐芙蓉。

"霜露既降，木叶尽脱，人影在地，仰见明月。顾而乐之，行歌相答。已而叹曰：'有客无酒，有酒无肴，月白风清，如此良夜何？'"

这段摘自苏东坡《后赤壁赋》的文字，道出了一个文人在深秋良夜的思绪与情感。霜降时节，是古代文人的灵感活跃期，他们苦苦寻找和思索的，往往是一种与自然和谐共生的精神象征。为此，他们不约而同地将目光聚焦到了一种因霜降而生的花上——

"千林扫作一番黄，只有芙蓉独自芳。唤作拒霜知未称，细思却是最宜霜。"（宋·苏轼《和陈述古拒霜花》）

"水边无数木芙蓉，露染胭脂色未浓。正似美人初醉著，强抬青镜欲妆慵。"（宋·王安石《木芙蓉》）

"冰明玉润天然色，凄凉拚作西风客。不肯嫁东风，殷勤霜露中。绿

窗栊洗晚，笑把琉璃盏。斜日上妆台，酒红和困来。"（宋·范成大《菩萨蛮·木芙蓉》）

芙蓉本是莲花的别名，出水芙蓉也向来惊艳，而木芙蓉正因为花大色丽，颇似莲花，被称为"芙蓉"，久而久之，芙蓉竟成了木芙蓉的专用名。究其原因，恐怕与它盛开在木叶凋落的霜降时节，中国传统文人毫不犹豫地集体青睐有加有关。相传，宋真宗年间的大学士石曼卿死后，有人在梦中与他相遇，他说自己已成为虚无缥缈的仙乡芙蓉城城主，人们因此将曼卿奉为"芙蓉花神"。

《红楼梦》里，贾宝玉因晴雯之死悲痛欲绝，专门写了一篇《芙蓉女儿诔》，"乃致祭于白帝宫中抚司秋艳芙蓉女儿之前曰"，以芙蓉喻晴雯，表达自己对晴雯倔强高洁的人格的钦佩之情。

在多情文人们眼里，芙蓉天生丽质，却不愿与春花斗艳，不屑与夏花争色，非要在百花凋尽、草木枯败的霜降时节，才怒放出世，这被人为赋予的品质，不正是中国传统文人拼死也要葆有的？

因此，在霜降清寒的深秋之季，无论是以芙蓉入诗、入画，抑或入文，都应该算得一桩明心见性的雅事。

芙蓉傲，柿子软；霜遍地，秋满园；秋将尽，天欲寒；霜叶红，层林染；草木枯，冬不远；芙蓉开，傲霜寒。

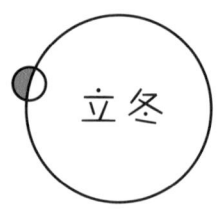

立冬

秋风吹尽旧庭柯，今宵寒较昨宵多

细雨生寒未有霜，

庭前木叶半青黄。

小春此去无多日，

何处梅花一绽香。

宋人仇远《立冬即事二首》（其一）里，不仅看到即将来临的冬天，更是看到了冬天背后的春天。这难免让人想到雪莱的名句："冬天来了，春天还会远吗？"

立冬不仅是二十四节气之一，也是中国传统节日之一。对节气而言，立冬的存在是提醒人们秋收冬藏；对节日而言，立冬就是号召劳作了一年的人们，善待自己，好好进补，以抵御接下来的漫漫寒冬。

庆祝秋收冬藏，抓紧秋收冬种

从字面上分解，"立"与"冬"是一对"反义词"：前者意谓开始，后者意为终结。《月令七十二候集解》这样解释这个节气："立冬，十月节。立，建始也；冬，终也，万物收藏也。"并将其划分为这样三候：一候水始冰；二候地始冻；三候雉入大水为蜃。就是说：从立冬开始，水面开始凝结，但还不至于成为坚冰；土地开始凝寒，也不至于成为冻土；至于雉这样的鸟类，就基本见不到了（古人在海边见到空贝壳形似雉，误以为雉到水里变成了大蛤）。

每年 11 月 7 日至 8 日，太阳到达黄经 225°，我国进入立冬节气，民间以为冬季正式开始，地面日照时间将从这一天起持续缩短。

由于刚刚完成各项秋收，立冬因此也成为了收获与祭祀的重大节气，各种丰收庆祝活动和宴会，都集中在寒风乍起的农历十月隆重举行，诸如"十月朔""秦岁首""寒衣节""丰收节"等。立冬于是成为了农历十月的大节，自汉魏起，就受到朝野高度重视。

立冬这天，天子会亲率群臣迎接冬气，同时对为国牺牲的烈士进行表彰，对其家属表示抚恤，祈请亡灵护佑生者；在民间，祭祖、饮宴、卜岁等传统活动应接不暇，子孙以时令佳品敬献祖先，祈求在天之灵和上天赐予来年的丰收，而自己也在辛苦劳作之后尽情享受生活。

而今，虽然许多立冬习俗已经消失，但在一些地方还保留着部分活动和仪式。比如在福建霞浦，至今还有被称为"问苗"的卜岁仪式：到了立冬这日，人们聚集到龙首山的舍人宫，在田祖面前卜问来年丰歉，举行丰收联欢晚宴；而我国南方的游牧民族畲族也保留了登山、巡田，到神庙卜岁的"探宝"活动。

　　立冬是庆祝秋收冬藏的大好日子，也是秋收冬种的好时节。立冬期间，我国各地普遍天气晴好，冬小麦、油菜都应抓紧播种；而麦地、菜地和果园也要注意补水，防止"旱助寒威"，减轻和避免冻害发生。

食令：南方打边炉，北方吃饺子

　　"立冬补冬"，是我国民间延续了数千年的习俗。各地因地制宜，结合本地食材与气候特点，都有不同的"进补"方案。中国老百姓坚持认为："三九补一冬，来年无病痛。"因此，立冬好好吃、好好喝，比什么都重要。

　　广东人的"冬补"攻略，当然是"打边炉"。用他们历来十分重视的"汤头"，加入山珍，做成粤式火锅，涮煮的是各式海鲜、蔬菜、蘸水是独有的沙茶酱，吃起来清爽怡人，既营养又美味。

　　对于嗜吃如命的潮汕人而言，他们更讲究"冬补"。平日里，就连早餐也不重样的潮汕人，为了隆重的立冬专门准备了药膳和板栗炒饭。药膳选用人参、当归、枸杞、茯苓、黄芪等，与乌鸡、鹧鸪、鸽子、鹌鹑、水鸭等，熬制成汤，甚至加入珍藏的高丽参和

打边炉

倭瓜馅饺子

鹿茸等名贵中药材，真是想想都要冒大汗流鼻血的补法！板栗炒饭，你以为只会用到板栗？那也太天真了！除板栗外，还要添加花生、蘑菇、虾仁、红萝卜等多种辅料，米则是新上市的新米，多种香味烩于一饭，既滋补，更美味。数数这些实打实的料，才发现潮汕人吃顿饭简直就是赤裸裸的"炫富"嘛！所以啊，那些清宫戏中毒已深的"吃瓜群众"，不用艳羡皇帝桌上那道我们根据记不清经过了几十道工序的吃食了，赶去潮汕一趟吧，满足你的所有愿望。

"立冬补冬，不补嘴空。"老北京们嘴上虽然这样说着，但花样却比南方人朴素多了：一盘饺子。唯一不同的是，立冬要吃倭瓜馅的饺子。这一习俗，源于"交子之时"必须吃饺子的说法，因为立冬是秋冬之交，而春节是旧新之交，以此类推，所以北方人但凡是个节点的日子，都会选择吃饺子。那么，立冬为什么要吃倭瓜馅的饺子呢？《礼记》有云："食瓜亦祭先也。"吃瓜也是代表祭祀祖先的，而民间又认为瓜代表结实，不结实如何扛得过北方的冬天，这也许就是北方人立冬吃倭瓜馅饺子的原因吧！

出游：用一场冬泳来"迎冬"

冻笔新诗懒写，寒炉美酒时温。
醉看墨花月白，恍疑雪满前村。

李白的这首《立冬》，更多是在想象冬之壮丽。毕竟，立冬还不是真正的冬。

立冬与立春、立夏、立秋合为"四立"，在中国古代尤为重要，往往需要某种仪式，比如迎冬之礼。

据《吕氏春秋》"孟冬"记载，农历十月，在立冬前三天，掌管天时、星历的太史就会谒见天子：某日立冬，盛德在水。天子于是沐浴更衣，开始斋戒。到了立冬这一天，天子亲率三公九卿大夫到皇城北郊去"迎冬"，一番祭祀。回到宫里，天子又奖赏那些为社稷而牺牲的人，抚恤他们的家属。晋代崔豹《古今注》也有"汉文帝以立冬日赐宫侍承恩者及百官披袄子"的记载，又有魏文帝诏令百官在立冬日戴一种来自民间的"大帽子"，并称之为"温帽"。

现代人当然无缘再见古代天子迎冬的仪式，但以某种具有仪式感的活动，共同迎接冬天的到来，却是可以的。比如黑龙江哈尔滨、河南商丘、江西宜春、湖北武汉以及重庆，人们就有用冬泳来迎接冬天的传统。

无论北方，还是南方，冬泳都是人们喜爱的一种锻炼方式。江河湖海的水中富含矿物质与微量元素，而空气中的负氧离子，日光浴的紫外线对健身、供氧和防治骨质疏松等非常有好处。立冬之后，随着气温和水温下降，人体在受到户外冷水刺激，能加强血液循环和新陈代谢，就像在给血管做"体操"。

范成大曾在立冬日有诗云："人逐年华老，寒随雨意增。"我们面临的，不仅仅是季节的冬天，还有人生的冬天，不锻炼出一副强健的体魄，强大的灵魂，如何安然度过？

立冬，当然也有更热和、更热闹的玩法——有个好地方，是绍兴有名的四大古镇之一，秉承了江南水乡的风貌。这就是安昌，一个进入冬天就飘满了腊味的地方。

立冬，是绍兴"冬酿"开酿的日子。安昌，自然更加隆重。在这一天，民间会祭祀"酒神"，祈求福祉绵长。因此，安昌遍地都是贴着"福"字的酒坛子，冬日暖阳高照下，这满载历史的韵味浓到化不开。立冬后，安昌便陆续开始筹备年节，最重要的事情就是做酱鸭、腊味。再往后，到了腊月，便是安昌最著名的腊月节，家家户户的腊味都会沿河悬挂出来。年味儿，一下就出来了！

雅事：用"冬学"点亮自己的人生

"儿童冬学闹比邻，据案愚儒却自珍。授罢村书闭门睡，终年不着面看人。"陆游的这首《冬日郊居》里所谓"冬学"，是指古代中国的农村会利用冬闲时节开办季节性学校，通常由私人或宗族设立。陆游也自注："农家十月乃遣子入学，谓之'冬学'；所读《杂字》《百家姓》之类，谓之'村书'。"

冬学传统，传承千年。近代，尤其是抗日战争时期，冬学更是成为一种有效扫除文盲，提高群众整体识字水平的办学形式。随着现代教育的普及和人民受教育程度的普遍提高，冬学虽然早已消失在历史长河里，但这种利用冬闲夜长学习知识的做法，却可以为每个人借鉴，成为为自身充电提升的可行方式。

冬学

立冬节气以后，日短夜长，户外寒冷，我们待在室内的时间大大增加，关掉电视，放下手机，倚在窗边，点一盏台灯，摊开一本闲书，不紧不慢，细细读来，心里便会有一丝暖意，一线光明……让自己忘却窗外的漫长冬夜。在前辈大师和学人的指引下，有所得，有所思，有所感，也不失为有意义的"冬学"。

"读书从来翻山越岭，喝茶过往万水千山。"这句话出自苏州东太湖的上书洲茶书房。冬夜寂寥，不妨在书中寻求安慰。与家人一起，开展一次有意义的"冬学"吧！

羊蹄甲，贺新冬；草木枯，冬渐浓；庆秋收，忙冬种；打边炉，快补冬；去迎冬，来冬泳；冬夜长，多用功；冬学好，学有用。

小·雪

散漫阴风里，天涯不可收

花雪随风不厌看，
更多还肯失林峦。
愁人正在书窗下，
一片飞来一片寒。

  小雪节气的"小雪"，严格意义上应该是"初雪"。此时，我国北方大部气温骤降，有可能迎来年度第一场雪。因此，唐人戴叔伦这首《小雪》里所描述的场景，"花雪随风""一片飞来一片寒"，的确是对这个节气的生动描绘。

  小雪时节，西北风成为了人间常客，但大地余温尚存，部分地区陆续

开始降雪，但雪量犹小。用古人的话说，此时阳气下降而阴气上升，导致天地不通，阴阳不交，万物失去生机，从而转入真正意义的严冬。

严冬的序曲，大雪的前奏

每年 11 月 22 日或 23 日，太阳到达黄经 240°，就进入了小雪节气。《月令七十二候集解》："10 月中，雨下而为寒气所薄，故凝而为雪。小者未盛之辞。"因此，小雪是又一个反映天气现象的节令。《群芳谱》说："小雪气寒而将雪矣，地寒未甚而雪未大也。"

中国古人这样划分小雪三候："一候虹藏不见；二候天气上升地气下降；三候闭塞而成冬。"也就是说，进入小雪节气，天上再也见不到彩虹；天上的阴冷之气增长，而地下湿热之气减少；天地逐渐闭塞，严冬到来。

俗话说："小雪地封严。"小雪节气初来乍到之际，我国东北冻土深度达 10 厘米，往后差不多每昼夜平均增加 1 厘米，及至大雪节气到来时，冻土就深达 1 米以上。之后，大小江河也陆续封冻。农谚有云："小雪雪满天，来年必丰年。"科学地讲，小雪降雪，来年雨水均匀，不会发生旱涝；降雪会冻杀多数病菌和害虫，减轻来年病虫害的发生，而且积雪能为土壤保暖，利于有机物分解，增强肥力。

随着小雪初降，该忙的也忙起来了。果农们开始抓紧时间为果树修枝，为防冻，还要用草秸编箔包扎株杆。而地里的白菜则要赶紧收割，存入地窖加以保温贮存，或制作成辣白菜或腌菜加以存储，便于过冬食用。因有俗话说："小雪铲白菜，大雪铲菠菜。"此外，养殖者也进入准备牲畜、鱼塘越冬工作的关键时期。总之，所有人都在为越冬忙碌着。因为这雪，说来就来了！

小雪节气，可谓整个严冬的序曲，用一场或大或小的初雪，迎来即将到来的大雪节气和数九寒天。

食令：吃刨汤，熏腊肉

杀年猪，吃刨汤，通常是小雪前后的重要民间活动。正是这碗热气腾腾的"刨汤"，为渐渐到位的寒冬增添了不少热烈气氛。

对于身处中国南方，尤其是西南地区的人们来说，杀年猪是一件非常热闹的事情，亲朋好友，邻里乡亲往往一起参与。杀完年猪，主人家便会用新鲜的猪肉、内脏等，准备几桌丰盛的家宴，俗称"刨汤"，以款待和答谢大家的帮忙。

刨汤宴上，少不了的都是农家拿手家常菜，用自家的蔬菜和刚宰割的新鲜好肉烹制而成，如回锅肉、血旺、肉片汤，以及各种肠肝肚肺炒制的菜肴，香浓四溢，味道淳朴而热烈。这顿刨汤盛宴，也拉开了过年华丽丽的序幕。

杀完年猪，还有一件与美食密切相关的事情必须完成，那就是灌腊肠、熏腊肉。这样的传统在南

制腊肉

方地区更为盛行。灌腊肠，即是以猪小肠（也有用其他动物肠衣的）为容器，将经过切碎、调味的猪肉灌进去，系扎成尺许长的小节，与腊肉一道，用柏枝为燃料，加入谷糠、橘皮，以及其他香料，燃烟熏制，使腊肠、腊肉脱去水分，同时变得色泽油光熏黄，闻起来有独特的腊香。熏制完成的腊肠、肠肉，挂在屋檐下，自然风干，可供新年食用，更是来年的美味珍品。食用时根据所需，要多少取多少，先用热水刷洗干净，煮熟后切片，香肠即可食用，而腊肉通常还会加上腌菜、花椰菜等配菜，加入新鲜蒜苗、姜片，爆炒时榨出多余油脂，吃起来既有腊肉独有的腊香味，又混合了蔬菜的鲜味，口感焦而不干，嚼劲十足，却丝毫不油腻。

腊肠根据口味不同，偏甜味的被称作"广味香肠"，而偏咸的，则是"川味香肠"。后来，人们又采用传统的熏制工艺，在口味上和食材上进行了不断探索，比如腊排骨、麻辣香肠等。

冬日里，最期盼的，便是这碗香肠。

出游：穿越长安，神往藏地

天空中雪花飞舞，大地上银装素裹，这是我们常见的下雪的情景。然而，也有人说，雪给人最美的印象，也许并不来自视觉感受，而是心理想象。

唐代诗人李咸用就曾有过类似的感受："散漫阴风里，天涯不可收。压松犹未得，扑石暂能留。阁静萦吟思，途长拂旅愁。崆峒山北面，早想玉成丘。"

　　小雪节气来临之际，不妨前往那些以雪闻名的地方，候一场将来未来的雪，或者遇一场早已悄然而至的雪。

　　白雪皑皑，炊烟袅袅，自然宁静，不像一幅美丽的画，更像一个美丽的梦。奇特的山峰、神秘的雪林，行走其间，闭上眼睛，雪花簌簌从树上落下，唱着幽远的歌。

　　有人说，一下雪，西安就变成了长安。小雪时节，处于西北地区的西安有时会感应节气到来，纷纷扬扬落下一场初雪。一时间，为这座古城洗去铅华，露出它最朴素、最本真的一面。雪落在城墙，美得一点也不忧伤；雪落在芙蓉园，勾起一段大唐的回响……雪地难行，深深浅浅，于是，远来的游客和当地的食客都聚拢在泡馍馆里，一碗滚烫羊肉汤下肚，众人相视一笑，这雪天，正暖！

　　人们对雪的期盼，有时候显得格外虔诚。如果要在这份虔诚里加一个筹码，倒不妨去四川甘孜。大雪封山，深雪古寺。甘孜的色达，初雪在小雪节气到来前早已下过，壮观的五明佛学院，坐落在一片白茫茫的雪地上，像莲花上的火焰。或者也可去圣城拉萨，四周的神山早已"白了头"，而城里转经的人群依旧日复一日，轮复一轮，绕着八廓街，绕着布达拉宫，伴着转动的经轮和在雪风中飞舞的经幡流动。冬日秘境，神往。

雅事：小雪夜"传心灯"

　　小雪是一个充满诗意的节气。陆游有诗云："平生诗句领流光，绝爱

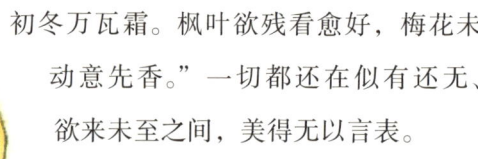

传心灯

初冬万瓦霜。枫叶欲残看愈好，梅花未动意先香。"一切都还在似有还无、欲来未至之间，美得无以言表。

但这个节气适合做些什么呢？天气已然寒冷，风雪欲来。白居易给出了这样的建议："绿蚁新醅酒，红泥小火炉。晚来天欲雪，能饮一杯无？"貌似相当不错。

道家陈抟曾传《廿四节气导引法》，其中小雪节气以"运主太阳终气，时配足厥阴肝风木"为主，即教人以气功的方式为身体生暖，以旺心火，不畏严冬。

无独有偶，佛家也有传心火（传灯）的传统，认为心不冷，自光明。中国禅宗经典《六祖坛经》记载，五祖弘忍曾于半夜传心法于慧能。经中有言："一灯，能除千年暗；一智，能灭万年愚。"后来，在禅文化里，"传灯"意谓开悟。获得菩提智慧的人犹如一盏明灯，在照亮自己的同时，有责任帮助其他人点亮自己的灯盏，以实现"灯灯相传""亘古光明灿烂"的大乘境界。

对于今天的人们来说，参禅、打坐、传心灯，应该是相当小众的行为。但在小雪夜，室内摆一盆开得红红火火的一品红，拥灯独坐，或读书，或冥想，无疑也是相当美好的情景。又或者，三两知己，一家老小，围炉而坐，闲言淡语，交流心得感想，沟通体悟，其实也契合道家坐功，禅家"传灯"的精神内核。

　　普通人与朋友之间，与家人之间，交流生活得失，总结人生经验，给彼此些许启发，各自多多少少有所收获，其实何尝不是俗世的"传心灯"！

一品红，腊肉香；小雪飘，寒意长；杀年猪，吃刨汤；熏腊肉，制香肠；候北风，雪花扬；传心灯，话短长。

大雪

夜深知雪重，时闻折竹声

海天黯黯万重云，
欲到前村路不分。
烈风吹雪深一丈，
大布缝衫重七斤。

大诗人陆游笔下的雪的确很大，很现实，也很有质感。

事实上，大雪节气的"大雪"，并不指降雪量的大小，而是指这个时节比小雪节气天气更冷，降雪的可能性更大。《月令七十二候集解》说："大雪，十一月节，至此而雪盛也。"

大雪兆丰年

每年 12 月 6 日至 8 日之间，太阳到达黄经 255 度，就迎来了二十四节气的第二十一个节气——大雪。这个时节最显著的特点，就是下雪的概率大、雪量大、范围大。

据统计显示，大雪时节，我国大部分地区的最低温度都降到了 0℃ 或以下，在强冷空气冲击下，普遍会降下大雪，甚至暴雪。也就是说，大雪节气和小雪、雨水、谷雨等节气一样，都是直接反映降水的节气。

古人把大雪时节分为三候："一候鹖鴠不鸣；二候虎始交；三候荔挺出。"翻译过来，就是说寒号鸟已经懒得叫唤了；求偶的老虎开始蠢蠢欲动；一种叫荔的兰草挺抽出了新芽。其中体现的自然信息就是：寒冬（阴气）达到极盛，春天（阳气）却在悄然萌动。

对于老百姓来说：瑞雪兆丰年。厚重的积雪覆盖大地，一方面就像给地里的种子盖上了大棉被，保护它们不受寒流侵袭；另一方面就像给它们铺上一层厚厚的芝士，融雪时增加土壤的含水量，供作物在来年春天迅猛生长。据说，雪水中氮化物的含量是普通雨水的 5 倍，称得上浓缩肥料。所以农谚说："今年麦盖三层被，来年枕着馒头睡。"宋代诗人张耒也在《大雪歌》里这样写道："屋压欲折君勿悲，陇头新麦一尺泥。泥深麦牢风莫吹，明年作饼大如箕。"

当然，大雪虽然有利于农作物生长外，但在许多方面也会造成不好的影响，诸如冰雪路滑，导致公路交通事故频发；雨雪天气，导致航班延误；至于暴风雪，更会威胁到山区、牧区人畜安全；再加上江河封冻后导致的洪水、流凌等，都需要加强防护。

尽管如此，大雪纷飞，可踏雪寻梅，为寒冬腊月平添了一份诗意，一份纯净。

食令：制腌肉，进冬补

俗话说："小雪腌菜，大雪腌肉。"腌肉也是必不可少的年货。

中国人素有制作腌肉和腊肉的传统，前者主要盛行于北方地区，而后者主要流行于南方地区。腌肉，不一定只腌制猪肉，也可以是其他禽畜肉，因此，腌制的成品统称"咸货"。通常的做法是二次腌制。

第一次腌制：先备好待腌的鱼、鸡、鸭、猪等肉品，在锅里用大盐加八角、桂皮、花椒、白砂糖等调料炒熟、炒香，待炒制过的调料盐凉透后，涂抹到肉品所有能涂抹的地方，反复揉搓，直到鲜肉颜色变深、变暗，表面有液体渗出，再将肉和剩下的调料盐码进大瓦缸里，用石头压住，在阴凉处放置半个月，缸里会腌出大量卤汁。

第二次腌制：把腌过的肉取出晾干，将这些卤汁倒锅里加水烧开，去浮沫；将肉码回缸里，倒入烧制过的卤汁，再压上石头，在阴凉处放置10 天，然后取出，挂在向阳的屋檐下晾干，迎接新年的到来。

大雪时节，在腌制"咸货"以备过年同时，还要注意适当进补。江南

冬白菜

有民谚说："大雪冬至后，篮装水不漏。"由于大雪节气后，竹篮经过冰冻，拿去打水都不会漏，而人体也像竹篮，是进补的好时机。

这个时节进补并不需要吃山珍海味和大鱼大肉，而是吃"三大"，即大白菜、大萝卜和大葱。大白菜是物美价廉的美容菜，能帮助人们补充寒冷干燥天气造成的水分流失，对护肤养颜非常有好处；大萝卜，尤其是大红萝卜缨，是高钙高维生素食材，也非常适合冬季食用；大葱，则主要帮助我们对抗冬季寒冷天气时常发生的感冒。

另外一道家喻户晓的暖冬美食，不是别的，正是很多人家经常食用的红薯粥。在鲁北地区还有"碌碡顶了门，光喝红黏粥"的说法，也就是说，只要在家里有暖乎乎的红薯粥喝，这大冷的天儿还去串什么门儿？小小红薯粥的确有大学问，红薯中含有大米、面粉等主食所缺乏的赖氨酸，而赖氨酸正是提升人体抵抗力的好东西，加上红薯的防燥功能，是不可多得的冬季家常养身美食。

当然，除了这些传统的食俗，还有一种人见人爱的驱寒的美食——那便是汤锅。大雪时节，窗外天寒地冻，即便没有大雪茫茫，也多半是阴雨缠绵，不妨躲在屋内，生起一汤锅，烟火氤氲，热气翻滚，可食辣，也可清淡，全凭个人爱好。这一锅，赶走的是无尽的寒气，聚集的是一团和气。一家人围炉烫菜，喜气洋洋，这才是我们中国人过岁末的样子。

出游：赏雪国，观封河

千山鸟飞绝，万径人踪灭。

孤舟蓑笠翁，独钓寒江雪。

柳宗元《江雪》描绘的景象，是我们最为熟悉的场景，熟悉到甚至闭上眼睛就能想象出那幅雪国美景。其中的诗意，其中的禅境，可谓前无古人，后无来者。

事实上，大雪时节的美景很多，但都离不开"雪"这一个主题。无论是北国风光，还是南方飞舞的雪花，都令人惊叹，流连。

在中国北方部分地区，尤其是黄河沿岸，除了普遍的雪地活动和冰面活动外，还有一个在大雪时节才有的传统活动，那就是赏"封河"。

随着气温迅猛下降，大雪来袭，常年奔流不息、桀骜不驯的黄河，一夜之间便被冰驯服，出现"千里冰封"的壮美景象。当然，观赏封河，需要注意保暖，注意安全，尤其是当你兴奋地在冰面行走狂奔，或滑冰玩耍的时候，一定注意脚下是否安全，小心滑倒摔伤，更要小心冰面破裂等意外情况。

封河虽然壮观，难得一见，但正是由于封河现象，每年黄河的部分河段都会出现不小的灾害。尤其是部分没有封河的河段的河水继续流向已经

寻梅煮茶

封河的河段，已经封冻的冰层和凌坝会迫使水位不断抬高，就容易造成河水漫过河堤的危险。此外，当封冻的河面部分融化时，也容易引发流凌等灾害。

不管怎样，在注意安全的前提下，我们仍然应该尽情享受大雪时节美好。

雅事：踏雪寻梅

大雪纷飞，是诗人们灵光乍现、诗兴大发的好时节。

在众多吟咏大雪的诗词里，不乏悲怆、凝重，甚至哀伤之作。倒是白居易《夜雪》写得平静自然："已讶衾枕冷，复见窗户明。夜深知雪重，时闻折竹声。"厚重的大雪，在他的视听和触觉间，积累得恰到好处。闭上眼睛，仿佛听到了雪落下的声音。

这么诗意盎然的大雪，当然还应该做点更有诗情画意的事情，比如踏雪寻梅。

许多文人墨客都书写过这桩雅事。比如《红楼梦》大观园里那帮文艺青年们，每到雪天就必来一出寻梅的戏，或有趣，或无聊，都能令人印象深刻。

梅花伴着雪花开，等你寻花来不来？当然会来！在众多踏雪寻梅的文人雅士中，孟浩然大概是最特别的一个，因为他是骑驴来的，还无不傲娇地说："吾诗思在灞桥风雪中驴背上。"许多文人笔记都记载或转载了这个段子，如张岱的《夜航船》，宋人孙光宪的《北梦琐言》，甚至《金瓶梅》里也有人拿这个典故说事。清人吴伟业还用一首诗来模仿："白头风雪上长安，短褐疲驴帽带宽。辜负故园梅树好，南枝开放北枝寒。"

的确，踏雪寻梅既有冬天找点高级借口出去活动筋骨的智慧，又有踏着积雪寻找寒梅傲骨幽香的雅趣。北方雪大，还有一不小心就白了头的浪漫；南方雪稀，也能在枝头嗅到梅花沁人心脾的冷香。

如果再推一副茶具，找一株老梅树，就着梅的幽香，吃一盏暖暖的茶，不一定能找到孟浩然所说的"诗思"，却一定是大雪天最赏心悦目的画面。

踏雪寻梅，按照孟浩然们的想法，当然是骑着驴子找到荒山野梅，灵感才会充足，对于我们来说，不必这么苛求，能找到不错的赏梅地，趁着大雪时节应景赏一赏，就非常难得了。如果雅兴大发，又有闲情，不妨去苏州香雪海，据说，乾隆皇帝曾六度赴此赏梅；也可往上海青浦大观园，又称"梅坞春浓"，江南四大梅园之一；又或去武汉磨山梅园，居全国四大梅园之首，是我国梅花研究中心所在地。

或者哪儿都不去，仅仅就是倚窗夜读。顷刻间，窗外似乎一片洁白，推门便是大雪，心中自有寒梅。

红梅开，天地白；大雪飞，玩雪来；制腌肉，把年待；冬进补，莫徘徊；赏封河，乐开怀；寻梅趣，踏雪白。

冬至

已有岸旁迎腊柳，参差又欲领春来

黄钟应律好风催，阴伏阳升淑气回。

葵影便移长至日，梅花先趁小寒开。

八神表日占和岁，六管飞葭动细灰。

已有岸旁迎腊柳，参差又欲领春来。

据说早在春秋时代，中国先民就通过土圭观测太阳测定出了冬至，因此成为二十四节气中最早被制定的一个。由于"冬至一阳生"，这个节气对于中华民族来说就显得格外重要，既是农历的一个重要节气，又是一个重要的传统节日。

历来书写冬至的诗词很多，但大多凄风苦雨，心寒地冷，倒是宋人

朱淑真这首《冬至》，忽略了这个时节冷的一面，看到了开始回升的阳气，看到了冬天身后的春天，给我们带来些许久违的暖意和充满生机的希望。

冬至大如年

当太阳运行至黄经 270°（冬至点），太阳光几乎直射南回归线（又称为冬至线），这一天就是冬至日。通常为 12 月 21 日或 22 日，也是地球北半球白昼最短、夜晚最长的一天。中国古人认为，冬至，日南至，日短之至，日影长之至，"阴极之至，阳气始生"。陈志岁《载敬堂集》称："夏尽秋分日，春生冬至时。"

因此，冬至，又称至日，或长至。

"冬至大如年"，中国历来重视冬至节气。殷周时期，曾规定冬至前一天为岁终之日，被称为"添岁"或"亚岁"，以冬至日为新年岁首之日，相当于后来的大年正月初一。这一规定一直沿用到汉代前期。直到汉武帝启用夏历，才将正月和冬至分开，而冬至从此成为隆重的"冬至节"，或"冬节"。每逢冬至，朝廷放假三天，举行庆贺仪式，君不听政，民间歇市。《汉书》说："冬至阳气起，君道长，故贺。"《后汉书》也记载："冬至前后，君子安身静体，百官绝事，不听政，择吉辰而后省事。"人们认为，过了冬至日，白昼一天比一天长，是一个节气循环的开始，是一个值得庆贺的吉日，应该走亲访友，馈赠美食。后来的《晋书》也有"魏晋冬至日受万国及百僚称贺……其仪亚于正旦"的记载。

　　唐宋以降，冬至逐渐成为一个祭祀祖先和神灵的节日，皇帝到郊外祭天（明清两代称为"冬至郊天"），百姓外出祭祖，在家聚餐，被称为"小年"。

　　民间习俗上的热闹，抵挡不了冬至以后天气的严寒。天文学上把冬至作为冬季的开始，中国民间也开始了"数九"的日子。过了冬至，太阳光在地球上的直射点逐渐北移，我们所处的北半球白昼渐长，正午太阳高度逐渐升高，这就是俗话说的"吃了冬至面，一天长一线。"

　　古人把冬至节气分为三候："一候蚯蚓结；二候麋角解；三候水泉动。"他们相信蚯蚓是阴曲阳伸的动物，冬天阴气凝重，虽阳气初生，土里的蚯蚓应该还是蜷缩成一团；而角朝后生的麋（俗称"四不像"），感受到了阳生阴退，所以开始脱角；同样由于阳气初生，山中泉水开始流动。

　　至于农耕生产作息，中国古人自有一套与自然和谐共生的法则，他们发明了《数九歌》："一九、二九不出手，三九、四九冰上走，五九、六九沿河看柳，七九河开，八九燕来，九九加一九耕牛遍地走。"隆冬季节的一切，就根据这样的"自然心法"按部就班。

食令：喝羊汤，吃饺子

　　冬至既然是历史悠久的老牌大节，又是"年时八节"之一，吃货们怎么能闲着呢？

　　说起与冬至相关的美食，真可谓一地一花样，比如：北方水饺、潮汕汤圆、东南麻糍、台州擂圆、合肥南瓜饼、宁波番薯汤果、滕州羊肉汤、江南米饭、苏州酿酒等。其他的不必一一细说，单是如今依然流行的羊肉汤和饺子，就大有来头。

话说某年冬至，卖狗肉出身的樊哙，用一碗热腾腾、香喷喷的羊肉汤，征服了汉高祖刘邦的胃，龙颜大悦。于是，冬至这一天吃羊肉喝羊汤，就成了流传两千多年的民间习俗。而滕州羊肉汤的历史，似乎比这个传说更为久远。相传范蠡助勾践打败夫差之后，与西施泛游五湖，来到当时的滕国（今滕州）一带，教大家烹煮羊肉汤，滕州羊肉汤便别有一番风味。其做法是先用大锅熬制羊骨汤，再倒入切成大块的鲜羊肉和羊杂，熟后捞起，切薄片，放入滚水氽一氽，分装入碗，再冲入雪白羊汤，撒上葱花，配上辣椒油、花椒粉、盐、味精等，便可以享用这已传千年的美味了。

时至今日，每逢冬至，很多人还是会首选羊肉汤。这一天，大家早早地下班，找一家羊肉馆子排队，一旦去晚了，别说喝汤，就连啃骨头也没有你的份啦！

如果说冬至喝羊肉汤，是因为滋补、暖胃养身，那么冬至吃饺子，更多的就是一种情怀了。

"十月一，冬至到家户户吃水饺。"在我国北方地区的确如此。而这种习俗却与"医圣"张仲景有关。"进则救世，退则救民；不能为良相，亦当为良医。"东汉时，张仲景曾在长沙任太守，同时大堂行医。后来，他发现当官无济于事，毅然辞官当起了医生。一年冬天，在返乡途中，他

喝羊汤

看到乡亲们不少人耳朵都被冻烂了，于是在冬至那天施"祛寒娇耳汤"，为人们医治冻疮。这个"娇耳"的做法，就是将羊肉和一些驱寒药材同锅煮烂，再用面皮包成耳朵状。众人吃了"娇耳"，喝了"祛寒汤"，浑身暖和，两耳发热，冻疮很快治愈。后来，民间学着"娇耳"的样子，流行起了吃"饺子"。

事实上，如今在冬至喝羊肉汤、吃饺子的人们，已很少能想得起樊哙、范蠡和张仲景，不过这并不重要。真正重要的是，我们在冬至这个标志着一年隆冬季节开始的日子，让自己的身体和心温暖起来，以更好的状态迎接自然与生活的挑战。

出游："何人更似苏夫子"

按照传统，古代的皇帝们会在冬至这一天走出皇宫，到郊外去祭天，这算是他们独有的冬至出游方式。老百姓呢，也有冬至祭祖的传统，但现在这一传统显然更多地被清明取代，至少已没有多少人会选择在这一天外出找祖宗唠嗑了。对大多数普通人而言，冬至出游并不值得推荐。

但是，天寒地冻并不意味着就不能出游。"井底微阳回未回，萧萧寒雨湿枯荄。何人更似苏夫子，不是花时肯独来。"这是苏东坡某年冬至日独游吉祥寺后写下的诗句。"何人更似苏夫子"，不为赏花，不为踏青，甚至不为一睹冰天雪地的冬日景象，只是兴之所至，独自访古寻幽。

作为一个有着祭祀天地、拜祭祖宗传统的特殊日子，作为一个阴阳相交、昼夜增减的特殊节点，冬至，其实更适合独处，或独自找一个僻静之地，反思、缅怀、思念，甚至只是发呆、放空，随便走走看看。如果非要强置一个主题的话，那就祈福吧！为接下来要面临的严冬，更为严冬之后会到来的新春。

雅事：九九消寒图

冬至时节，不适合郊游出行，更适合室内游戏。

自从中国古代历法夏历，将周天均分为 365.24219 日，又以五日为一候，三候为一节气，两节气为一月之后，冬夏既立，冷暖必分，于是就有了夏"三伏"、冬"九九"之说。而"数九"就成了中国古人冬季生活的一部分，既是一种形象生动的日历算法，又代表了人们殷切盼望冬去春来的心情。

"数九"的历史由来已久，而参与者就是每一个普通老百姓，上至耄耋老人，下到黄毛小儿，无一不会。而到了明代，读书人将这种日常生活变成了一种案头游戏，发明了《九九消寒图》，而且先后出现了"画九"与"写九"两个版本。不得不又感慨，古人真是会玩啊！

当然，我们现在依然可以效仿古人作《九九消寒图》，简单易上手，乐趣整个冬。

先来看画九：从冬至这天起，在一张宣纸上画上一枝素梅，枝上画九朵梅

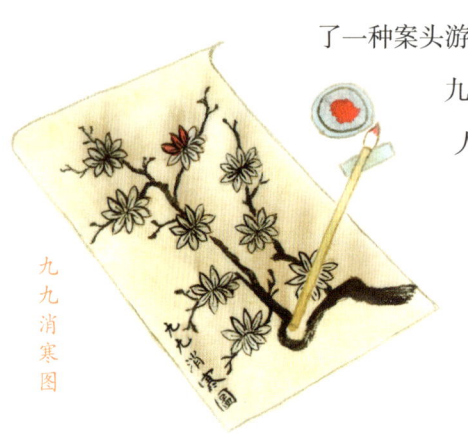

九九消寒图

花，每朵画九个花瓣，共九九八十一瓣，代表"数九"的81天。每朵梅花即代表一个"九"，每瓣代表"数九"的每一天。然后，每过一天就为其中一瓣染上颜色，每出现一朵彩色梅花，就算数完一个"九"。当九朵梅花都悉数绽放枝头，即代表出"九"了，所谓"九尽春深"。当然，也有不画梅花，而以其他文字和符号代表"数九"天数，画完《九九消寒图》的。画九是最容易学起来的，大人、小孩都能玩。

再来看写九：始于清代，先在宫廷内流行。选出九个笔画数为九画的字，用双钩空心字体描画到一张纸上，每"数九"一天，就用色笔填实其中一画，同时用钛白在这一笔画上记录当天天气为阴晴雨雪。填完一个字，就数完一"九"；填完九个字，就出"九"。写九最常用的九个字是"亭前垂柳珍重待春风"（繁体），组成一句话，还能表达人们盼望着熬过冬天、迎接春天的急切心情。

如果说画九更有涂鸦的乐趣，那么写九便充满了对春的期盼。

《九九消寒图》的玩法，也许还有更多其他版本，但无论哪种版本，虽然起不到暖身健体的作用，却也是一种独具中国特色的案头游戏，能将普普通通的世俗生活，演变成如此雅致的文房游戏，在兰花盛放的冬夜，以墨香伴你度过隆冬，何乐不为呢？

兰花暖，饺子香；天地寒，冬夜长；数九歌，人人唱；吃饺子，喝羊汤；少出门，祈福忙；消寒图，笔墨香。

小·寒

众卉欣荣非及时，未见梢头春一枝

小寒连大吕，欢鹊垒新巢。

拾食寻河曲，衔紫绕树梢。

霜鹰近北首，雏雉隐丛茅。

莫怪严凝切，春冬正月交。

元稹在《小寒》里，已将这个节气的物候交代得十分清楚明了。

虽是"小"寒，但由于小寒通常与"三九"重合，是冬天冷到极致的时候，所以实际上小寒胜大寒。小寒时节的冷，不言而喻。但在这一片冰雪覆盖的萧索景象之下，绽放的梅、山茶，北飞的雁、筑巢的喜鹊，以及求偶的山雉，却为这个深冬时节带来了意外的生机与活力。

寒冷的天气，挡不住年味的诱惑

冬至以来的数九寒天，在小寒节气来到最为寒冷的"三九"，这意味着一年快冷到位了。每年的 1 月 4 日至 6 日，冷空气经过漫长的酝酿，积久而寒，大风降温，雨雪天气，是小寒该有的。此时太阳到达黄经 285°，虽说阴冷至极，但阳气已动，所以出现了雁北飞、鹊筑巢、雉求偶等物候现象。《月令七十二候集解》称："小寒，十二月节。月初寒尚小，故云，月半则大矣。"

农谚有云："小寒时处二三九，天寒地冻北风吼。"不过，对于地大物博的中国来说，虽然北方滴水成冰，天寒地冻，最低温度常在 –10℃ ~–40℃，但在南方大部分地区却相对温暖，平均气温甚至达到 10℃ 以上。于是，在小寒时节，北方必须注意防冻抗冻，而南方的广东、海南等地却是香蕉、芒果等热带水果良好生长的大好时期。所以说，"冷在三九"，也是相对的。

在传统农耕社会，人们常说："小寒大寒不下雪，小暑大暑田开裂。""小寒不寒，清明泥潭。""小寒大寒寒得透，来年春天天暖和。"可见寒来暑往，自然界的冷热交替，季节变换总是环环相扣，该经历的终究缺一不可。

抛开农业生产不说，小寒已经跨进了腊月门，从腊八开始，年味儿一天比一天足，不管天气如何严寒，也挡不住人们向往回家团聚的步伐；而在家的人们，则总能忙出一团热火朝天的氛围。消融三九寒冬，年前的各种准备工作，以各种名义开展的欢聚与庆祝活动，注定会将我们带向过年的高潮。

小孩小孩你别馋，过了腊八就是年。

在这样的氛围里，天寒地冻，又算了得了什么呢？

食令：吃菜饭，喝腊八粥

在小寒时节的寒冷天气里，我们除了日常保暖，更重要的是，还要为身体补充足够的热量，对抗严寒。中国人对小寒节气的重视，也主要体现在吃上。无论是北方的菜饭，还是南方的糯米饭，其实都是一种高热量的冬季美食，其原材料与做法也大同小异。

所谓菜饭，即用矮脚黄青菜与咸肉片（也可用香肠片或板鸭丁），再拌以姜粒，与糯米一起煮熟，吃起来既暖和又美味。而糯米饭也类似，只是因地制宜地加入了海鲜、山珍等干货，吃起来别具风味。

因为"腊八"通常在小寒期间，因此，腊八粥也是不得不提的小寒当家美食。关于腊八粥的来历，版本众多，历史悠久，相传其与腊八饭一样，是古代蜡（音"榨"）祭的遗存。

蜡祭，是我国古代重要的冬季祭祀。那时候的天子，都要在每年农历十二月用干物进行蜡祭，以干物敬献八谷星神，祈求来年风调雨顺。这干物被称为"腊"，"八"代表八谷星神，因

吃菜饭

此蜡祭被称为"腊八"。因此,《礼记·郊特牲》说,蜡祭是"岁十二月,合聚万物而索飨之也",也就是说,腊八粥就是将八方食物合和一锅,有合聚万物、调和千灵之意。

后来,腊八粥走下祭坛,又被赋予了新的寓意。中国佛教弟子就效法牧牛女以乳糜供养佛陀的做法,在每年农历腊月初八这一天,用五谷及十八种干果(象征十八罗汉)煮粥供佛菩萨,称为"腊八粥",或"七宝五味粥"。除此之外,在河南,腊八粥也被叫作"大家饭",用以纪念民族英雄岳飞。如今,腊八粥早已成为民间流传下来的重要节日美食之一。

关于"腊八粥"的做法,也是有讲究的。据《燕京岁时记》记载:"腊八粥者,用黄米、白米、江米、小米、菱角米、栗子、红豇豆、去皮枣泥等,开水煮熟,外用染红桃仁、杏仁、瓜子、花生、榛穰、松子及白糖、红糖、琐琐葡萄,以作点染。"冰心先生的《腊八粥》一文中也提到:"这腊八粥是用糯米、红糖和十八种干果掺在一起煮成的。干果里大的有红枣、桂圆、核桃、白果、杏仁、栗子、花生、葡萄干等,小的有各种豆子和芝麻之类,吃起来十分香甜可口。"

通常,人们会在腊月初七晚上就开始准备,洗米、泡果、剥皮、去核、精拣。有些地方的善男信女在做这些准备工作的时候,每捻一豆,还会念一声佛,称为"结缘豆"。正所谓"喜到初八腊月天,门前舍豆俗相沿,信士弟子熬粥夜,念佛声结善缘。"一切准备就绪,在腊八到来的夜半时分,开始文火慢炖,直到清晨,香糯稠浓的腊八粥才算熬好,尝一口,色香味俱佳。

腊八粥用小碗盛好，先供佛供僧，再赠亲送友，然后施舍穷苦人，而且必须在腊八当天中午之前全部送出去，才算是一件积福积德的好事。最后，才轮到自家人享用。如果粥还有剩余，则被视为好兆头，年年有余。

现在，每年腊八，全国各大小寺院，仍有施粥的活动，最著名的是北京潭柘寺、杭州灵隐寺、河南少林寺等。善男信女一大早便齐聚佛前，以能分享一碗热腾腾的腊八粥为莫大的福分。

出游：雪西湖，观雾凇

俗话说："冬天动一动，少闹一场病；冬天懒一懒，多喝药一碗。"即使冷到小寒三九天，人们也希望能到户外去活动活动。更何况，外面的冰雪琉璃世界也是极为难得。

古人向往的生活，无非如清代张岱的《湖心亭看雪》所述一般。"崇祯五年十二月，余在西湖。大雪三日，湖中人鸟声俱绝。是日更定矣，余挐一小舟，拥毳衣炉火，独往湖心亭看雪。雾凇沆砀，天与云与山与水，上下一白。湖上影子，惟长堤一痕，湖心亭一点，与余舟一芥，舟中人两三粒而已。"看够了冰天雪地，也可以去看点不一样的，比如雾凇。张岱眼中的雾凇闪闪的西湖，已美得不成样子。自然，晴西湖不如雨西湖，雨西湖不如雪西湖。不单单是张岱笔下的雾凇，那雪后的曲院风荷、茅家埠、浴鹄湾、苏堤、杨公堤的美，只待你去寻。

当然，游在形，更在心。相较于这万籁俱静的银白世界，文人笃守的这份痴情怀更显珍贵。

于现代人而言，那份独往湖心亭看雪的心境已经很难有了，所以人们在寒冬里，更向往的还是在"千里冰封，万里雪飘"的季节，去赏一场真正的大雪。以雪享誉全国的胜地，莫过于大东北，莫过于长白山，莫过于雪乡。当然，如果你受不了那种零下40℃的极端严寒，也有别的选择，比如气温相对温和一点的黄山，或其他名山大川，在这个季节都已银装素裹，分外妖娆。

雅事：围炉夜话

"寒夜围炉，田家妇子之乐也。顾篝灯坐对，或默默然无一言，或嘻嘻然言非所宜言，皆无所谓乐，不将虚此良夜乎？余识字农人也。岁晚务闲，家人聚处，相与烧煨山芋，心有所得，辄述诸口，命儿辈缮写存之，题曰围炉夜话。但其中皆随得随录，语无伦次且意浅辞芜，多非信心之论，特以课家人消永夜耳，不足为外人道也。倘蒙有道君子惠而正之，则幸甚。"

清代著名文学品评家王永彬，在其传世名作《围炉夜话》前言中，描写了这样一种宁静、别致的冬夜日常生活画面。这样的"围炉夜话"，其实值得在小寒节气好好体验一番。

窗外，或有寒风凛冽，或有冰雪如盖；室内，炉火通红，置水一壶，热气蒸腾，暖意融融；更有闲情者，还可以烤一只红薯，香气直馋人。桌上，插一枝新得的蜡梅，泡儿盏热茶，三两知己，或老少一家，围炉而坐，

围炉夜话

闻幽幽的梅香，间或呷口茶，吃点小零食，聊上一两句，其中乐趣，有如天伦。

　　围炉夜话，不像呼朋唤友的欢聚，不似觥筹交错的喧嚣，自有一种中国式的超脱、恬静与隽永，甚至独有一种别致的审美况味。

小寒报，三九来；蜡梅开，粥端来；湖心亭，存雅心；围炉坐，夜谈心；有热茶，有梅花；到年下，冷不怕。

大寒

老农犹喜高天雪，况有来年麦果香

旧雪未及消，新雪又拥户。

阶前冻银床，檐头冰钟乳。

清日无光辉，烈风正号怒。

人口各有舌，言语不能吐。

宋人邵雍这首《大寒吟》，读来怎一个"寒"字了得！

俗语有云：小寒大寒，冻成一团。小寒大寒已是一年中最冷的时候，冰天雪地，大家出门都是从头裹到脚。当然，有关大寒的俗语也有颇为喜庆的"小寒大寒，杀猪过年"。再加上，大年与大寒往往裹成一团，自然给了我们更加向往和热爱大寒的理由。

最冷酷的大寒，与最温暖的大年

大寒，是二十四节气的最后一个节气。既然是压轴大戏，既然是收官之作，当然得给人留下点与众不同的印象。大寒的"必杀技"，当然就是"寒"，冷到极致，冻到无情。

每年的 1 月 20 日前后，太阳到达黄经 300°，跟在节气队伍最后的"大BOSS"大寒，便伴着深沉的鼓点，迈着凝重的步伐，闪耀登场。这时的寒潮频频南下作乱，将我国大部地区带入一年中最寒冷的时期，即使见不到冰天雪地，也能感受到天寒地冻。古籍称之为"寒气之逆极，故谓大寒"。

古人将大寒分为三候："一候鸡乳；二候征鸟厉疾；三候水泽腹坚。"也就是说，到了大寒时节，就应该孵小鸡了，等到春暖花开，这些毛茸茸的小家伙便可以遍地觅食；而像鹰隼之类的猛禽，却喜欢在这种寒冷的天气里盘旋猎食，以补充能量抵御严寒；江河湖泊，此时冰面坚厚，正是适合滑冰。当然，这主要是黄河以北地区的征候。

"大寒年年有，不在三九在四九。"对于从事农耕的老百姓而言，大寒时节的天寒地冻显得尤为重要。他们说："大寒不寒，春分不暖。"又说："大寒见三白，农人衣食足。"也就是祈求大寒多下雪，冻死地里各种害虫的幼虫，才能保证来年不受虫害，丰衣足食。总之，大寒一定要寒，否则就会影响来年的春种秋收。正所谓"苦寒勿怨天雨雪，雪来遗我明年麦"。

物极必反，冬去春来，大寒既是节气之歌的终章，也是下一轮节气之歌的序章。在深切骨髓的寒冷中，其实也酝酿着一年到头最温暖的喜事——过年。对于中国人来说，无论男女老幼，过年前备年货的忙碌热烈，过年时欢聚的喜气洋洋，即使身处天寒地冻的大寒时节，也备感温暖。

最冷酷的大寒，与最温暖的大年，中国人运用生活的智慧再次与严酷大自然和谐相处。

食令：年糕鸡汤尾牙祭

因为大寒时常挨着大年，岁末年关，采备年货，迎新贺岁，自然是吃货忙并快乐的时节。

在寒冷尤盛的北京，吃"消寒糕"的习俗由来已久。消寒糕其实是年糕的一种，糯米经过蒸打压榨，本身所含大量糖分，和调味的红糖一起，能为人体提供特别高的热量，因此有温风散寒、健脾开胃的作用。而选择在"大寒"这天吃年糕，不仅因为它的消寒功效，更有"年高"的寓意，希望自己在来年吉祥如意，年年高升。

在难见冰雪的岭南，人们也会选择在大寒这一天吃糯米饭。南方人认为，一碗糯米饭的热量，足够帮助他们度过"无风自寒"的小寒大寒。即使在今天的大寒时节，广东地区家家户户煮糯米饭的情景仍然常见。香喷喷的糯米饭里，再拌上腊肠、腊肉、冬菇，以及

吃年糕

虾米等干海鲜，风味更为独特。

　　同样为了御寒，喝鸡汤也是大寒节气的必需美食。因为大寒通常在农历"四九"前后，依照一九一只鸡的传统，不少人家也会用老母鸡炖汤，佐以当归、党参、枸杞、黑木耳等干货，既滋补，又暖身，一碗入胃，全身热乎。

　　比起吃年糕、喝鸡汤这样的日常食俗，还有一顿大餐是大寒食令必不可少的，那就是"尾牙祭"。所谓"尾牙"，对公司来说可能是一年商业活动的"尾声"，而对于寻常百姓来说，却是春节活动的"先声"。其习俗源于拜土地公公做"牙"的传统，农历二月初二为"头牙"，腊月十六为"尾牙"。尾牙祭，当然也有一年到头聚餐打牙祭的意思。无论"头牙"还是"尾牙"，春饼（南方叫润饼）和刈包必不可少。春饼，即以薄饼皮包卷豆芽、笋丝、豆干、蒜头、虎苔、花生末、酱等而成；刈包，则用馒头包夹五花肉、咸菜、笋干、香菜等做成。福建、台湾等地的商人还会设宴款待自己的员工，席上必不可少的是一只白斩鸡。据说鸡头朝向谁，就暗示谁明年要被老板解雇，因此老板通常让鸡头朝着自己，好让员工开心享受尾牙祭，安心过好年。

出游：冰嬉场上溜冰去

　　在冰天雪地的大寒时节，户外滴水成冰，户外游玩是需要勇气的。何况春节将至，回家才是千家万户欢呼雀跃的主题。

但年关岁末，男男女女也不能一直待在室内吃吃喝喝，到户外找找乐子也是必需的。其中人气最高的，当然是溜冰。

溜冰在古代并不是一项单纯的体育运动，而且被称为"冰嬉"，或"冰戏"。《宋史·礼志》就记载，当时的皇帝后宫喜欢在后苑"观花，作冰嬉"。到了清朝，冰嬉发展更是进入黄金时代，成为清代宫廷流行的众多冰上活动的统称，既包括诸多娱乐活动，更包括军事操练，有"国俗"之称。今北京北海漪澜堂，就曾是乾隆皇帝和后来慈禧太后等大清皇室观赏冰嬉的地方。以一场艳惊四座的冰嬉赢得圣心的后妃或宫人可并不是仅仅出现在现代的大清电视剧中的场景。

即使在民间，清代的冰嬉活动也是精彩纷呈的。康熙年间李声振在《百戏竹枝词》中写道："捷足行看健步纷，寒流趁冻雪花春。铁鞋踏破奔驰甚，悔作银河冰上人。"《帝京岁时纪胜》也有记载：寒冬之时，"都人于各城外护城河上，群聚滑擦（即滑冰）"；《帝京岁时纪胜补笺》中则说："什刹海、护城河冰上蹴鞠，则皆民人练习者。"这与现在的北京，人们大冬天的到颐和园昆明湖、什刹海等冰场溜冰是一样的，而且形式和内容更为丰富。

冰嬉的第一个项目叫"抢等"，相当于速度滑冰；第二个项目是"抢球"，类似于现代冰球比赛；第三个项目为"转龙射球"，即冰上射箭活动；此外，还有冰上蹴鞠、高台滑冰等，

冰嬉（据清《冰嬉图》）

将种种传统体育活动融入冰上运动。

如今，虽然冰嬉盛况不复存在，但溜冰仍然是老百姓大冬天的至爱。

雅事：岁朝清供

与热热闹闹过大年不同，大寒时节，文人雅士的玩法——岁朝清供，依旧显得"高冷"。

清供，又称"清玩"，起源于"佛供"。佛供，顾名思义就是在佛前供以鲜花蔬果。后来，文人雅事把这种礼佛的形式从佛前搬到了书斋案头，发展起了专供自己私下赏玩的文事雅品。清供可以是松竹、梅及一切鲜花、蔬果和食品，也可以是各种古董文玩，因此又分为文房清供、书斋清供和案头清供。

岁朝清供图

总的来说，清供分"有名之供"和"无名之供"。有名之供，按礼俗分，又有寿诞清供、婚喜清供、成人清供等；按节日分，又有岁朝清供、瑞阳清供、中秋清供等。无名之供，则是没什么由头，心血来潮，随心摆上几样小玩意儿，摆在自己眼皮底下，愉悦身心。

岁朝清供，即是大年初一，以清供为新春祈愿纳福。诸如柿子、佛手、橘子，以及大寒时节才开放的水仙花，都是岁朝清供的常用佳品。这样的清供，除了以实物装摆以外，清代、民国期间还流行将清供入画，这便是《岁朝清供图》。

作为别具一格的小品国画，《岁朝清供图》远可追溯到宋代赵佶、赵昌，近可在吴昌硕、齐白石等人笔下找到。

无论是佛前的清供，还是案头的清供，都是一种让自己赏心悦目的修行；无论是以实物为清供，还是以笔墨为清供，都是一件既雅致又好玩的事情。

岁末无他事，闲坐待新岁。冬日寂寥的寒夜，仍然可以效仿古人，生一个炭盆，煮茶。茶香很快填满空气中的冷沁，催得清供的水果生发撩人的果香。"晚来天欲雪，能饮一杯无。"此等雅事，此等心境，唯大寒独有。

大寒已至，一年到头；岁末年终，新春又始。因此，大寒对应的节气，并不是小寒，而是立春。一终一始，有始有终，是终点，亦是起点。

水仙开，人团圆；贴窗花，过大年；天地冻，人心暖；吃年糕，备年饭；作冰嬉，溜冰玩；摆清供，又一年。